FABRICIO MANOEL OLIVEIRA

O CONCEPTURO
DO DIREITO ROMANO AO CÓDIGO CIVIL

FABRICIO MANOEL OLIVEIRA
Advogado
Mestrando em Direito Civil pela UFMG

O CONCEPTURO
DO DIREITO ROMANO AO CÓDIGO CIVIL

Belo Horizonte
2020

Copyright © 2020 Editora Del Rey Ltda.
Nenhuma parte deste livro poderá ser reproduzida, sejam quais forem os meios empregados, sem a permissão, por escrito, da Editora.
Impresso no Brasil | Printed in Brazil
EDITORA DEL REY LTDA.
www.editoradelrey.com.br

www.editoradelrey.com.br

Editor: Arnaldo Oliveira

Editor Adjunto: Ricardo A. Malheiros Fiuza
In memoriam

Diagramação / Capa: Alfstudio

Revisão: Responsabilidade do autor

EDITORA
Rua dos Goitacazes, 71 – Lojas 20 a 24
Centro - Belo Horizonte-MG
CEP 30190-909
Comercial:
Tel.: (31) 3284-3284 | 25163340
vendas@editoradelrey.com.br
Editorial:
editorial@editoradelrey.com.br

CONSELHO EDITORIAL:
Alice de Souza Birchal
Antônio Augusto Cançado Trindade
Antonio Augusto Junho Anastasia
Antônio Pereira Gaio Júnior
Aroldo Plínio Gonçalves
Carlos Alberto Penna R. de Carvalho
Dalmar Pimenta
Edelberto Augusto Gomes Lima
Edésio Fernandes
Felipe Martins Pinto
Fernando Gonzaga Jayme
Hermes Vilchez Guerrero
José Adércio Leite Sampaio
José Edgard Penna Amorim Pereira
Luiz Guilherme da Costa Wagner Junior
Misabel Abreu Machado Derzi
Plínio Salgado
Rénan Kfuri Lopes
Rodrigo da Cunha Pereira

O48c

Oliveira, Fabrício Manoel
 O conceptuo: do direito romano ao código civil / Fabrício Manoel Oliveira. – Belo Horizonte: Del Rey, 2020.
 x, 152 p. – Inclui bibliografia.
 ISBN: 978-65-5533-000-7

 1. Direito romano 2. Direito civil – Brasil I. Título

CDU 34(37)

Ficha catalográfica elaborada pela bibliotecária Meire Luciane Lorena Queiroz CRB 6/2233.

AGRADECIMENTOS

Primeiramente, agradeço aos coordenadores primitivos do Grupo de Estudos Sobre Pessoa, Autonomia e Responsabilidade (GPAR) da Faculdade de Direito Milton Campos, professor Doutor Felipe Quintella e professora Doutora Mariana Alves Lara, *locus* onde se iniciaram as discussões a respeito da temática aqui abordada (que posteriormente foram aprofundadas no Grupo de Estudos sobre Planejamento e Estruturação do Patrimônio Familiar da Faculdade de Direito Milton Campos, também coordenado pelo professor Doutor Felipe Quintella), por tanto me ensinarem, pelo incentivo e inspiração, aos quais sou extremamente grato.

À professora Doutora Débora Grivot, pela prestatividade e material bibliográfico disponibilizado.

Aos integrantes do grupo, em especial a Ariele Gomes, Bárbara Pimentel e Rodrigo Coelho, pelos debates e contribuições.

Aos funcionários da Biblioteca da Universidade Federal de Minas Gerais, Adriana Soares Viana, Álamo Chaves de Oliveira Pinheiro, Andréa de Paula Brandão Martins, Fernanda Costa Rodrigues, Flávio Vinicio Chein Vidigal, Junio Martins Lourenço, Meire Luciane Lorena Queiroz, Rommel dos Santos Machado, Rosana Matias de Souza, Sandra Antônia dos Santos, Vera Lúcia Aparecida Rezende; aos funcionários da Biblioteca da Faculdade de Direito Milton Campos, Aline Elias, Cláudia Maria, Danielle Esteves, Euvaldo Antunes, Jonathan Robert, Lucas Pedro, Matheus Antunes, Patrícia Guedes, Tissiane Torres; às funcionárias da Biblioteca Pública Estadual de Minas Gerais, Eliani Gladyr e Rosimeire Ramos, pela presteza e imprescindível auxílio.

Aos meus pais, por todo o apoio. Aos meus amigos e amigas, pelo abundante sodalício.

Enfim, a todos que de alguma forma contribuíram para com a pesquisa, muito obrigado!

PREFÁCIO

Tive a alegria de ser professor de Direito das Sucessões de Fabrício na Faculdade de Direito Milton Campos. Mas maior foi a felicidade quando, depois de ter concluído com sucesso a disciplina, Fabrício ingressou em um grupo de pesquisa por mim coordenado.

No grupo, tive a imensa satisfação de conhecer o Fabrício pesquisador, que, desde então — e já se vão anos — não cessa de me surpreender positivamente!

E, não tenho dúvida, uma das mais brilhantes pesquisas realizadas por Fabrício foi sobre o *concepturo*.

Quando, em agosto de 2017, propus aos pesquisadores do grupo o tema do concepturo — assunto tão pouco explorado no Direito brasileiro —, mesmo conhecendo o grande pesquisador que é Fabrício, eu não imaginava que, algum

VIII

tempo mais tarde, ele reuniria e analisaria tantos dados, com tanta profundidade e qualidade, que chegaria a compilá-los em uma obra sobre o tema, que ora tenho a honra de apresentar.

Em se tratando de Fabrício, o orientador é que agradece imensamente a oportunidade do trabalho e do aprendizado conjunto.

Faço votos de que a leitura da obra, além de informativa, seja também inspiradora de novos talentos. Temos todos muito a aprender com Fabrício!

Prof. Dr. Felipe Quintella Machado de Carvalho
Doutor, Mestre e Bacharel em Direito pela UFMG.
Coordenador Geral da Faculdade de Direito Milton Campos.
Professor dos Cursos de Graduação e de Mestrado da Faculdade
de Direito Milton Campos.
Professor do Curso de Graduação em Direito do Ibmec BH.

SUMÁRIO

AGRADECIMENTOS... *V*

PREFÁCIO .... *VII*

1 INTRODUÇÃO *1*

2 PANORAMA HISTÓRICO-JURÍDICO DO REGIME SUCESSÓRIO DO CONCEPTURO......... *5*

2.1 O Regime Sucessório no Direito Romano: Regras Sucessórias Complexas, Fideicomisso e o Concepturo... *5*

2.2 Inspirações Históricas Pré-Modernas

2.2.1 O Ordenamento Jurídico Italiano e o Concepturo... *16*

2.2.2 O Ordenamento Jurídico Português e o Concepturo... *20*

2.2.3 O Ordenamento Jurídico Argentino e o Concepturo... *27*

2.2.4 O Ordenamento Jurídico Francês e o Concepturo... *29*

X

2.3 Brasil: Panorama Geral do Direito
nos Primeiros 300 Anos............................ *35*
2.4 Teixeira de Freitas e o Concepturo *39*
2.4.1 A Consolidação das Leis Civis *39*
2.4.2 O Esboço de Código Civil *59*
2.5 O Código Civil de 1916 e o Concepturo *68*

3 O FENÔMENO JURÍDICO SUCESSÓRIO NO CÓDIGO CIVIL DE 2002 E O CONCEPTURO..... *73*

3.1 Tramitação: Panorama Geral......................... *73*
3.2 Regime Sucessório e Sucessão Testamentária....... *75*
3.3 O Concepturo....................................... *83*
    3.3.1 Conceito: O Concepturo como Expectativa
        de Direitos, uma Exceção ao Princípio da
        Existência..................................... *83*
        3.3.1.1 A Disposição Pura ou Direta
            em favor do Concepturo............... *85*
        3.3.1.2 A Substituição Fideicomissária em
            favor do Concepturo.................. *94*
    3.3.2 Diferenças para com o Nascituro............ *103*
    3.3.3 A Função do Administrador.................. *104*
    3.3.4 Frutos e Rendimentos........................ *106*
    3.3.5 Partilha..................................... *108*
    3.3.6 Situação Jurídica dos Bens.................. *111*
    3.3.7 Personalidade e Capacidade Jurídica
        Reduzida a partir de Teixeira de Freitas:
        O Concepturo como Pessoa.............. *119*

4 CONSIDERAÇÕES FINAIS *135*

5 REFERÊNCIAS BIBLIOGRÁFICAS *143*

1
INTRODUÇÃO

O presente trabalho é fruto de pesquisa acadêmica realizada no âmbito do Grupo de Estudos Sobre Pessoa, Autonomia e Responsabilidade (GPAR), da Faculdade de Direito Milton Campos, em Nova Lima/MG, originalmente coordenado pelo professor Doutor Felipe Quintella e professora Doutora Mariana Alves Lara. Em meados de 2018, sugeriu-se como pauta de estudos para aquele ano a figura do concepturo, um ente que ainda não foi concebido e consequentemente não existe, mas, apesar disso, pode titularizar direitos e suceder de forma testamentária, assunto que logo de início suscitou calorosos debates. Afinal, como um ente que sequer existe pode exercer direitos no mundo das coisas? Pode ser considerado pessoa? Possui personalidade jurídica?

Em um primeiro momento, a pesquisa partiu de uma abordagem calcada na civilística contemporânea, isto é, a partir do Código Civil de 2002, a qual se mostrou insuficiente, dada a escassez bibliográfica, tanto específica quanto manualesca, acerca da temática. Logo, visualizou-se a neccessidade de expansão e aprofundamento do estudo, especialmente a partir de uma investigação histórico-jurídica, inclusive com a utilização de fontes estrangeiras, não apenas para encontrar sua origem primitiva, mas também avaliar as evoluções e involuções sofridas ao longo dos anos, propor comparativos, bem como denotar as influências que permearam nosso processo legislativo.

Não é despiciendo ressaltar que, de início, a ausência de uma bibliografia robusta causou certo espanto e levou-nos a indagar: teriam os civilistas contemporâneos esquecido o concepturo? Tal questionamento, se por um lado demonstrava a relevância da pesquisa que estava se desenhando, por outro deixava ainda maior nossa responsabilidade, notadamente pelo seu caráter de revivescência (de parte da história) do Direito Civil.

Assim, buscou-se compreender a figura do concepturo a partir de dois pilares. O primeiro deles, centrado na investigação acerca de sua origem e evolução histórica, teve como ponto de partida o ordenamento jurídico romano e perpassou pela experiência italiana, portuguesa, argentina e francesa pré-modernas, que consagraram a primeira onda de codificações, bem como pela experiência nacional pré-codificação, tendo como base a Consolidação das Leis

INTRODUÇÃO

3

Civis e o Esboço, ambos de Teixeira de Freitas, além da primeira codificação civil nacional, o Código Civil de 1916.

De outra banda, o segundo deles buscou compreender o fenômeno jurídico sucessório e da vocação hereditária na contemporaneidade, isto é, a partir do Código Civil de 2002, em que se explorou, por um lado, os aspectos gerais envolvendo a sucessão, notadamente a testamentária, e, por outro, as especificidades acerca da contemplação, como herdeiro ou legatário, do concepturo, esquadrinhando-se cada uma das duas formas de designação testamentária que lhe aprovém, bem como sua natureza, efeitos e extensão, tendo como objetivo final, pois, a proposição de um esboço apto a permitir uma classificação dogmática hermeticamente fechada e coerente do concepturo como sujeito de direitos.

Espera-se que esse contributo, ainda que singelo, possa reavivar os estudos e debates sobre a figura do concepturo, tão pouco trabalhada pelos civilistas hodiernos, sendo útil aos pesquisadores da ciência do Direito.

2
PANORAMA HISTÓRICO-JURÍDICO DO REGIME SUCESSÓRIO DO CONCEPTURO

2.1. O Regime Sucessório no Direito Romano: Regras Sucessórias Complexas, Fideicomisso e o Concepturo[1]

O Direito Romano quase sempre é tomado como ponto de partida para estudos que envolvam de alguma maneira a história do Direito, isso porque foi ele quem reuniu a vasta cultura jurídica dos povos antigos, bem como engendrou um ordenamento jurídico sistematizado e organizado

---

[1] O Direito Romano muito trabalhou a figura do *conceptus* – dentre outros sinônimos –, que é aquele ser que já se encontra concebido no ventre de sua mãe, o que hoje representa o nascituro. Entretanto, a própria terminologia que envolve o nascituro encontra uma enorme gama de variações históricas, como é possível notar: "Las fuentes – tanto jurídicas como literárias — no emplean una terminologia genérica y uniforme para referirse al conceptus, sino que ofrecen una gran variedad de expresiones que no siempre reflejan la idea de la vida humana en formación que resulta ser.

Especialmente significativos resultan los términos utilizados en textos extrajurídicos ya que, a pesar de que no exista unanimidad en la designación del concebido – *homines, puer, liberi o concepta spes liberorum* —, con ellos si se pone de manifiesto la existencia de un ser humano, aunque sea en estado potencial. Las fuentes jurídicas tampoco presentan uniformidad terminológica para referirse al concebido; los juristas utilizaron numerosas expresiones, si bien las más frecuentes fueron las que hacían referencia a la fisiología de la mujer: *qui in utero est, venter o uterus*. Con posterioridad se emplearon otras expresiones que si reflejaban la existência de una vida humana futura, como conceptus, *qui nasci speratur, nondum nati o partum nondum editus* o, en época justinianea, *homo fieri speratur*. Mención específica merecen las locuciones que dan a entender que el concebido es una esperanza de vida: *spes vitae, spem nascendi y spem animantis*, estas expresiones, como afirma Bartosek, entrañan conceptos de indudable valor técnico em época clásica, como se demuestra al analizar las consecuencias jurídicas que origina La presencia de una *spes*, sobre todo en materia hereditaria y de status personarum. Bartosek entiende que existe una evolución en el concepto de spes en general que, por lo que se refiere al concebido, se desarrolla paralelamente al reconocimiento y regulación de su protección: Juliano, en D. 1, 5, 26, al utilizar la locución *nasci possit* habría intuido el sentido constructivo de la esperanza de vida, al igual que Papiniano en D. 29, 2, 84, pero será Marcelo el que, con la expresión *spem animantis* de D. 11, 8, 2, habría utilizado el sentido técnico de la palabra, que se vuelve a encontrar en un texto de Paulo –D. 50, 16, 231— y otro de Modestino –D. 38, 7, 5, 1—, llegando la culminación de esta noción jurídica con Ulpiano en D. 37, 9, 1, pr. El desarrollo del concepto técnico-jurídico de *spes vendría* a coincidir con las etapas de evolución de la protección del nasciturus: un primer momento, en el que el concebido era irrelevante para el Derecho; un momento posterior, en la República, donde surge el interés por parte de la jurisprudencia, llegando finalmente la culminación con la doctrina del póstumo em materia hereditária" (ARÉVALO, 2007, p. 721). Igual apontamento também é encontrado em MADEIRA (2005, p. 13), que assinala que as designações acerca do nascituro no Direito Romano podem ser dividas em três grandes grupos. No primeiro deles, alocam-se os termos e expressões autônomas sobre ele, isto é, em si mesmas consideradas, tal como *partus, qui in útero est, quin in ventre est, quod in útero est e semelhantes, portio mulieris, portio viscerum, venter, uterus, conceptus, qui nasci spera(n) tur, qui nondum nati sint, animans, animax, animal, fetus, persona adhuc in ventre constituta, persona ante testamentum concepta* e *postumus*. No segundo deles, estão os termos e expressões que representam uma condição

PANORAMA HISTÓRICO-JURÍDICO DO
REGIME SUCESSÓRIO DO CONCEPTURO

(ROBERTO, 2008, p. 8), fora o fato de que numerosos institutos jurídicos originados em tal período histórico se mantêm praticamente intactos na contemporaneidade, em maior ou menor medida (CRETELLA JÚNIOR, 1996, p. 16). A história do Direito Romano geralmente é dividida em quatro períodos: (i) o Real (753 a.C. até 510 a.C.), (ii) o da República (510 a.C. até 27 a.C.), (iii) o do Alto Império (27 a.C. até 284 d.C.) e (iv) o do Baixo Império (284 d.C. até 565 d.C.). No entanto, há autores que acrescentam àqueles um outro período, o (v) Bizantino, que vai de 565 d.C até 1453 d.C. (ROBERTO, 2008, p. 9). A tradição sucessória, existente em todos eles, estava intimamente ligada a rituais de cunho religioso e de perpetuidade de culto, da família e também da propriedade, de modo que inexistia aquisição da propriedade de modo solipsista, ou seja, ela sempre estava vinculada ao culto e vice versa (COULANGES, 2002, p. 78).

Com efeito, é de se apontar que a tradição romana permitia a realização de um testamento primitivo, que "(...) fue creado por la Jurisprudencia como instrumento de ordenación racional del destino del patrimonio hereditario (...)" (BARREIRO, 2006, p. 279). Ocorre que, na prática, a elaboração de um testamento representava uma árdua tarefa,

---

jurídica assumida pelo nascituro, tal como *homo, filius, filia, líber, frater* e semelhantes, *feres suus, heres, exheres, praeteritus* e *institutus*. No terceiro deles, por fim, estão os termos e expressões que tratam do nascituro com traços de maior precisão terminológica, tal como *in rerum natura esse* e *in rebus humanis esse*. O presente capítulo, contudo, tratará apenas daquele ente ainda não concebido, o concepturo.

dada as grandes formalidades exigidas, que por pouco não inviabilizavam por completo sua instituição (COULANGES, 2002, p. 89).

De todo modo, a maioria da doutrina atribui ao período Justiniano clássico o brocardo *conceptus pro iam nato habetur*[2-3] (ARÉVALO, 2007, p. 727), invocado em matéria sucessória, principalmente testamentária, o qual confere ao *nascituro*, àquele que já foi concebido, mas ainda não nasceu, os mesmos direitos daqueles que já nasceram[4].

---

[2] A máxima romana assinala que o feto ainda não nascido é considerado como se nascido fosse quando se estivesse diante da possibilidade de titularizar direitos.

[3] A atribuição doutrinária de que a máxima remonta ao período clássico encontra respaldo no fato de que a maioria dos textos que denotam a equiparação entre o nascituro e aquele que já nasceu são de juristas clássicos, tais como Gaio, Paulo, Juliano e até mesmo Celso. Todavia, existem aqueles que entendem que o brocardo seria fruto de uma contaminação pós-clássica ou mesmo se trataria de um princípio de Direito Moderno. Por fim, existem também aqueles que defendem que o conceito não teria origem diretamente no Direito Romano, mas sim em movimentos religiosos, tais como a Patrística. Sobre o tema, ver: JUSTO, Antônio dos Santos. *A Fictio Iuris no Direito Romano*. Actio Fictia: Época Clássica. Tese (Doutorado em Ciências Histórico-Jurídicas). Faculdade de Direito da Universidade de Coimbra, Coimbra, 1988, p. 553 e ss; e ARÉVALO, Eva María Polo. *Origen Y Significado Del Principio Conceptus Pro Iam Nato Habetur Em Derecho Romano Y Su Recepcion Em Derecho Historico Español Y En El Vigente Codigo Civil*. Anuario da Facultade de Dereito da Universidade de A Coruña, n° 11, Revista UDC, 2007, nota 42, 43, 55 e 56.

[4] Interessante discussão se travou envolvendo sua natureza e capacidade. Sobre o tema, ver: JUSTO, op. cit., p. 556 e ss; e AREVALO, op. cit., p. 727 e ss.

Processa-se uma extensão de garantias jurídicas, ou seja, o nascituro, por se encontrar no ventre materno, possui determinadas expectativas[5] protegidas pelo Direito, consoante a lição de JUSTO (1988, p. 555): "Ninguém duvida que, na época clássica, o *Ius Romanum* considerou o *conceptus*, dispensando-lhe protecção em determinadas situações: podia ser *heres testatus* e *ab intestato* e, em conseqüência, os agnados não herdavam enquanto houvesse a *spes* de um *suus heres* nascer (...)"[6].

No entanto, resta investigar se o *concepturo*, aquele que ainda não foi concebido, ou seja, sequer existe no plano fático, pode (ou não) suceder testamentariamente no Direito Romano.

Em um primeiro momento, percebe-se que em Roma a capacidade testamentária passiva[7] estava resguardada às

---

[5] A título de exemplo, pode-se citar o diferimento da execução da *pena mortis* ou mesmo a proibição do enterro da mulher grávida, todos eles instituídos para resguardar o direito do *conceptus*, nascituro (JUSTO, 1988, p. 556).

[6] Cumpre ressaltar que "o *pater* podia nomear-lhe um tutor no seu testamento; o pretor concedia a posse dos bens hereditários à mulher grávida em nome do concebido; a pedido da *mater*, podia ser nomeado um *curator ventris*" (JUSTO, 1988, p. 555-556).

[7] Aqui, deve-se ter em mente que "Nel suo significato tecnico, capacitas è un concetto molto diverso dalla capacità di succedere; questa indica un complesso di requisiti necessari per poter essere chiamati alla successione, mentre capacitas si riferisce al momento dell'acquisto dell'eredità, dei legati o dei fedecommessi, e indica la capacità di acquistare il patrimonio lasciato dal defunto. E tale capacitas differisce dalla capacità di essere chiamato Allá successione non solo concettualmente, ma anche per il tempo in cui è richiesta: essa deve sussistere nel momento della morte del testatore. Il testatore può differire l'efficacia della disposizione al tempo in cui il destinatario diventa capax (FERRARI, 2015, p. 36-37).

pessoas existentes ou então concebidas, prestes a nascer, ou seja, *nascituros*, consoante lição de SOHM (1892, p. 449):

> Testamenti factio passiva, on the other hand, is the capacity to be instituted heir, or to be appointed legatee in a will. Testamenti factio passiva is thus part of the proprietary capacity of the jus civile (jus commercci), or, in Justinian's time, it is a necessary incident of a man's personality as such (sup. p. 101). The only requisite is that the person instituted heir must have been in existence at the death of the testator, at any rate as a nasciturus (sup. p. 101).

Em outras palavras,

> La ragione dell'impossibilità di istituire come erede una persona incerta è molto remota, e viene superata con il tempo, tanto che scompare con Giustiniano. Essa è con ogni probabilità legata alla forma più antica di testamento, quello calatis comitiis: quando Il testamento significava trasmissione della sovranità domestica, era ovvio che il testatore dovesse indicare esattamente una persona fisica esistente al momento dell'atto. L'impossibilità di istituire erede o di lasciare legati alle incertae personae è testimoniata da Gaio (Gai.2.238) e da Ulpiano (Frag. 22.4) (FERRARI, 2015, p. 41).

Não há dúvida, assim, que através de designação pura ou direta era defeso que se privilegiasse de forma testamentária o concepturo no Direito Romano, uma vez que o

"Presupposti indispensabili perché uma persona fisica possa essere istituita erede sono la sua esistenza in vita[8] e la sua liberta (...)"[9] (FERRARI, 2015, p. 39).

Em face de tal vedação, vários pensadores erigiram teorias para tentar enquadrar o concepturo na caterogia de *pessoas incertas*, com o fito de permitir sua vocação sem que se esbarrasse na regra acerca da existência (FERRARI, 2015, p. 41). No entanto, outra foi a construção jurídica que triunfou, qual seja a de designar um determinado herdeiro, pessoa existente, e lhe pedir (*rogatio*) que entregasse os bens da sucessão ou parte deles a um terceiro, pessoa a qual verdadeiramente se buscava beneficiar, o *concepturo* (AZEVEDO, 1973, p. 3).

Quer dizer, não demorou para que os pensadores romanos criassem formas de se trampolinar a vedação de instituição do concepturo como sucessor testamentário A consagração da designação de uma figura interposta, um intermediário, que funcionava como uma espécie de

---

[8] Aqui, "non è necessario che l'erede sai nato al momento della morte del de cuius, ma è sufficiente che sia stato almeno concepito" (FERRARI, 2015, p. 40).

[9] Deve ficar claro que "dunque anche in epoca più tarda non si abbandona il principio secondo il quale l'erede debba almeno essere concepito" (FERRARI, 2015, p. 50). Para o ordenamento jurídico Romano, em realidade, a instituição a favor do concepturo carecia de uma vontade bem definida e precisa do testador, até mesmo porque a personalidade do sucessor era vista como uma espécie de prolongamento da personalidade do sucedendo.

ponte para que o destinatário final dos bens pudesse recebê-los, mostrou-se a melhor alternativa jurídica, conforme é possível notar dos apontamentos de FERRARI (2015, p. 41-42):

> Tale ostacolo era spesso aggirato nominando al posto dell'erede nascituro uno schiavo. La fattispecie è riportata in D.28.5.65 (64):
>
> 'Heredes sine partibus utrum coniunctim an separatim scribantur, hoc interest, quod, si quis ex coniunctis decessit, non ad omnes, sed ad reliquos qui coniuncti erant pertinet, sin autem ex separatis, ad omnes, qui testamento eodem scripti sunt heredes, portio eius pertinet.'
>
> In questo modo si evitava di violare a regola che impediva di istituire erede uma persona non concepita, anzi, si confermava il rispetto della legge, dal momento che era uno schiavo vivo al momento del testamento che acquisterà l'eredità quando nascerà la persona destinata a riceverla, la cui nascita è posta come condizione o termine della sua istituzione. Il testatore aveva in mente, in questo caso, una persona esistente e definita, ossia lo schiavo.

O intermediário, portanto, ficava encarregado de todas as incumbências patrimoniais, ele alocava e distribuía os bens do testador para aqueles que foram verdadeiramente escolhidos como sucessores, destinatários finais

PANORAMA HISTÓRICO-JURÍDICO DO REGIME SUCESSÓRIO DO CONCEPTURO

(BOVE, 1950, p. 583). Estava aí, pois, a origem primitiva do fideicomisso[10-11]:

> Surgiu, então, a figura do *intermediário*, aquele que, atendendo a uma súplica, recolhia os bens deixados para entregar ao terceiro indicado; Daí a explicação etmologica do termo: "fidei tua comitto", ou seja, "confio em tua boa-fé" ("em tua lealdade") (FIORANELLI, 1991, p. 7).

Nos dizeres de BOVE (1950, p. 584), "o fideicomisso, pois, tinha por fim iludir a lei". Outra não é a opinião de CUBILLAS (2009, p. 834), para quem "(...) el gran impulso al desarrollo del fideicomiso vino dado por la necesidad social de burlar las disposiciones que limitaban la capacidad

---

[10] O fideicomisso, ao contrário das disposições testamentárias puras, (i) possui forma mais simples e por isso mesmo pode ser instituído até mesmo fora do testamento, por meio de codicilo confirmado ou não, ou por codicilo *ab intestado*, além do fato de que não há necessidade de que tenha disposição imperativa; (ii) pode ser atribuído a pessoas incapazes de receber ou recolher bens; e (iii) não é um modelo direto de aquisição da propriedade, como um legado, por exemplo (BOVE, 1950, p. 585). Sobre as semelhanças e diferenças entre o fideicomisso e outras instituições romanas, ver: BOVE, Roberto. *Fideicomisso no Direito Romano*. Revista dos Tribunais, ano 39, volume 183, janeiro, 1950, pg. 580-595.

[11] "À boa-fé do herdeiro era confiado o encargo. Portanto, era da essência do expediente usado a confiança que o testador depositava no herdeiro – *fidúcia* – à falta de qualquer norma legal reguladora da obrigação de entregar o bem fideicometido (*restitutio*). Havia unicamente uma sanção moral, isto é, a reprovação em que incorria, em face da sociedade, quem praticava o torpe ato de se apoderar da coisa que a ele fora confiada para dar destino certo. O não-cumprimento da dádiva do testador, mascarada sob a forma de *rogatio*, recebia o castido da repulsa geral a tal ato que feria a moral. O abuso de quem desrespeitava a vontade sagrada do morto generalizava-se com o perpassar dos tempos, principalmente quando a corrupção começou a avassalar tudo, nos últimos tempos da república, e chegou, no império, ao cúmulo da degradação moral, mormente no período denominado Baixo Império" (AZEVEDO, 1973, p. 4).

de recibir y, especialmente, las restricciones impuestas por las leyes caducarias de Augusto (...)".

Sem embargo, em completude ao racícionio, BOLOGNESI (1905, p. 22) assevera que,

> Quanta ai *fedecommessi*, siccome il loro scopo originário era quello di far pervenire benefizi a persone che non avevano la *testamenti factzo cum tesiatore*, nulla impediva che ad essi si ricorresse di frequenie anche per favorire nascituri non conceplti E cio specialmeete col mezzo del fedecommesso successive ed in quello *familiae relicium* (...).

Mas, mais do que a superação de regras sucessórias complexas, seu surgimento está atrelado a um contexto social em que a legislação romana não contemplava as classes menos favorecidas, tais como os plebeus e os escravos, fatores que ocasionaram tensões, as quais acabaram culminando na criação de alternativas para a superação de um paradigma excludente (FIORANELI, 1991, p. 7)[12].

---

[12] O mesmo entendimento possui BOVE (1950, p. 583), que sobreleva o extremo rigor do Direito Sucessório Romano e a vedação de que determinados cidadãos fizessem testamento *calatis comitiis* (o qual era feito diante dos *comícios curiates*, em que o testador, na presença dos pontífices, designava aqueles que seriam seus herdeiros), ou mesmo *in procinctu* (o qual era militar e feito por um soldado, diante da armada alinhada para a batalha, antes que entrasse em combate); e TAVARES (1939, p. 80), que destaca que: "As leis de então haviam criado incapacidades invencíveis. Incapacidades e indignidades, tanto de testar, como de receber. Incluiam-se nessas, os peregrinos, os estrangeiros assim chamados no direito romano, que não tendo o direito de cidade, nem participação alguma no direito civil não podiam ser instituídos, nem receber legados e outras liberalidades (Furgole – 360, vol. I); os latinos, as mulheres, nos casos indicados da Lei Voconia; os libertos *dediticios*, os filhos *famillas*, os *posthumos*, ou pessôas incertas, municipalidades, collegios, etc".

A prática de nomeação de um intermediador pelas classes menos abastadas evoluiu de forma rápida e ganhou grande consistência na época do Imperador Augusto, primeiro a tratar juridicamente da matéria (CRETELLA JÚNIOR, 1996, p. 295-296), o qual permitiu que os destinatários finais, fideicomissários, ante os diversos descumprimentos de transmissão patrimonial que sucederam a partir do fim do período republicano – descumprimentos que se deram em função da inexistência de sanção legal sobre o fideicomisso, sendo a reprimenda tão somente de caráter moral –, reagissem *extra ordinem* aos cônsules para que estes coagissem os fiduciários (*rogatus*) à entrega dos bens que lhe foram confiados por boa-fé (AZEVEDO, 1973, p. 4). Todavia, foi com Cláudio que o instituto ganhou força obrigatória no Direito Romano, evitando-se todos esses imbróglios, o que proporcionou de forma acelerada o seu desenvolvimento e aprimoramento, "a ponto de impor-se a ação de dois 'praetores fideicommissarii' para julgarem as questões advindas de tal prática" (FIORANELI, 1991, p. 7).

Ocorre que, por vincular os bens com caráter de indisponibilidade por diversas gerações, acabou gerando certos desconfortos sociais, o que motivou a codificação justinianeia (Novela 159, Capítulo II) a limitá-lo ao sexto grau (PEREIRA, 2009, p. 271).

De todo modo, não há dúvidas que a figura do concepturo e suas particularidades foram em muito debatidas no Direito Romano, que acabou por vedar qualquer possibilidade de disposição que lhe nomeasse como herdeiro ou legatário de forma pura ou direta, o que se cristalizou na máxima *conceptus pro iam nato habetur.* Todavia, erigiu-se uma alternativa social (que depois foi reconhecida juridicamente) pelas classes menos abastadas para a superação de tal brocardo: a designação de pessoa interposta para transferir os bens ao destinatário último, o concepturo, expediente que ficou conhecido como fideicomisso. De fato, é mesmo a história repleta de ações e reações, mormente quando necessidades práticas são maiores e mais urgentes que máximas e princípios estáticos descolados da realidade social e da evolução da comunidade, não atendendo o fim a que se destinam, assim como o foi no Direito Romano em relação ao concepturo.

2.2. Inspirações Históricas Pré-Modernas

2.2.1. O Ordenamento Jurídico Italiano e o Concepturo

O Código Civil Italiano de 1865 sofreu forte influência da primeira onda de codificações, a qual se iniciou com o Código Civil da Prússia, em 1794, despontou com o Código Civil da Áustria, que teve sua primeira parte publicada em 1786, sendo finalizado integralmente em 1811, e atingiu seu ápice com o Código Civil Francês, em 1804.

Além disso, também sofreu grande influxo dos institutos e preceitos do direito pré-codificação e das normatizações das províncias italianas. Na esteira do que previa a Lei Toscana de 1814, o Código Parmense de 1820, o Código Estense de 1852 e o Código Sardo de 1854 (PONTES DE

MIRANDA, 1935, p. 33-37), o Código Civil Italiano de 1865 dispôs expressamente acerca da possibilidade de se testar a favor do concepturo em sua "Sezione II. Della capacita di ricevere per testamento", constante do "Capo II. Delle Successioni Testamentari", a qual, em seu artigo 764, possuía a seguinte redação:

> Art. 764. Sono incapaci di ricevere per testamento coloro che sono incapaci di succedere per legge. Possono però ricevere per testamento i figlii mmediati di uma determinata persona vivente al tempo dela morte del estatore, quantunque non siano ancora concepiti (ITALIA, 1865, p. 192).

Fica nítido, pois, que o código permitia excepcionalmente que os descendentes imediatos de pessoa determinada - a qual deveria estar viva no momento da morte do testador - recebessem o conjunto patrimonial por via testamentária, mesmo que ainda não tivessem sido concebidos.

Em outras palavras, podiam receber por testamento os filhos de uma pessoa viva (específica) no momento da morte do testador, "(...) benché non ancora concepti" (CALASSO, 1960, p. 59).

D'AVANZO (1941, p. 25-30), discorrendo sobre a matéria, explica que a regra geral para que ocorresse a sucessão testamentária no Direito Italiano baseava-se em dois elementos principais, a capacidade sucessória passiva e a existência quando da morte do sucessor, sendo o nascituro e o concepturo, todavia, exceções ao segundo pressuposto[13]. Mas, mais do que isso, a sucessão do concepturo também estaria atrelada ao preenchimento de um binômio legal, qual seja a necessidade de que ocorresse por via testamentária, bem como somente em benefício dos filhos - e tão somente dos filhos - de pessoa viva e determinada no momento da morte do testador. Assim, a estipulação de pessoas indeterminadas ou daquele que extrapolasse os descendentes imediatos não produziria qualquer efeito. Nessa linha, não é despiciendo ressaltar que não haveria necessidade de menção detalhada sobre a pessoa escolhida, bastando que fosse determinada e estivesse viva ao tempo da morte do testador.

CALASSO (1960, p. 59) defende que essa possibilidade de deixa testamentária foi inserida no Código Civil Italiano em função do banimento, nesse país, do instituto do fideicomisso, de origem remota no Direito Romano. Em suas palavras: "Ora, tale deroga (...) si volleintrodurre, in questo come corretivo dell'abolizione completa, cheallora si operava, diogni sorta difedecomesso", ponto de vista que também é defendido por GONÇALVES (1934, p. 704), para quem "a instituição do concepturo foi imaginada, na Itália, para suprir os inconvenientes da absoluta abolição do fideicomisso".

---

[13] Para RUGGIERO (1934, p. 503-537), essa situação era excepcionalíssima, e configurava o completo desvio de um princípio fundamental do direito sucessório, qual seja o princípio da existência, que determinava que só poderia ser chamado à herança aquele que existisse e sobrevivesse ao *de cujus*, pressupondo a existência, ainda, o nascimento com vida e viabilidade, questões que não eram cabíveis em se tratando do concepturo.

Como quer que seja, é de se ressaltar que, apesar de o Código Civil Italiano não ter imposto qualquer limitação temporal ou prazo final para o nascimento dos filhos da pessoa determinada - o que, de certo modo, poderia causar imbróglios quando de sua utilização, especialmente caso os herdeiros nascessem muito tempo após a morte do testador -, estabeleceu a necessidade de gestão dos bens da herança por um administrador no ínterim até o nascimento, conforme se vê:

> Art. 857. Se l'erede fu instituito sotto una condizione si verifichi o sia certo chepiù non si possa verificare, sarà dato all'eredità um amministratore. Lo stesso há luogo nel caso in cuil'erede od il legatário non adempie l'obbligo dela cauzione voluta dai due articoli precedenti.

> Art. 858. L'amministrazione sara affidata al coerede-od ai coeredi instituiti senza condizione, quando tra esse e l'erede condizionale possa aver luogo Il diritto d'accrescimento.

> Art. 859. Se l'eredecondizionale non ha coeredi, o tra esso ed i coeredi stressi non può aver luogo Il diritto d'accrescimento, l'amministrazione verrà affidata al presunto erede legitimo del testatore, salvo Che l'autoritá giudiziaria per giusti motivi creda conveniente di provvedere altrimenti.

> Art. 860. Le disposizioni dei ter precedenti articoli hanno luogo anche nel caso in cui fosse chiamato a succedereun non concepito, figlio immediato di una determinata persona vivente, secondo l'articolo 764. Ove sia chiamato um concepito, l'amministrazione spetta al padre e in mancanza alla madre. (ITALIA, 1865, p. 214).

Tais premissas, deve-se ter em mente, inspiraram os contornos de diversas outras legislações ao redor do mundo, inclusive do Brasil.

2.2.2. O Ordenamento Jurídico Português e o Concepturo

No século XIX, Portugal vivia um intenso fluxo evolutivo de suas instituições jurídico-privadas, o qual foi encabeçado, principalmente, pelos trabalhos da doutrina comentadora e da jurisprudência (COSTA, 2007, p. 409-411). Essa busca pelo desenvolvimento do Direito Português, em realidade, perpassava por

> (...) um larguíssimo apelo ao direito subsidiário e aos critérios hermenêuticos, o que preceituado nesses Códigos individualistas penetra lentamente a ordem jurídica portuguesa. Junta-se toda uma massa de disposições extraídas dos Códigos francês, prussiano, austríaco, sardo e de vários outros, 'que os nossos jurisconsultos procuravam conciliar, na medida do possível, com o direito tradicional (...)' (COSTA, 2007, p. 410).

Todo esse processo histórico acabou culminando na elaboração do Código Civil Português, em 1867, o qual também ficou conhecido como Código Civil de Seabra, em homenagem ao seu autor, Visconde de Seabra, legislação que é uma das grandes obras da civilística do século XIX.

Apesar de trazer em seu bojo inúmeras inovações, as quais buscavam, em certa medida, distanciar-se das ultrapassadas e não raramente lacunosas Ordenações do Reino, ele sofreu forte influência do Direito Romano e do direito pré-codificação (nacional), assim como a legislação italiana e a maioria dos códigos da época.

Nessa toada, é possível inferir que uma das influências romanísticas que pairou sobre o código foi a permissão de instituição de fideicomisso em benefício do concepturo, isto é, daquele que ainda não nasceu e não se encontra concebido, conforme artigo 1866 e seguintes, *in verbis*:

> Art. 1866. A disposição testamentária, pela qual algum herdeiro ou legatário é encarregado de conservar e transmitir por sua morte a um terceiro a herança ou legado, diz-se substituição fideicommissária.
>
> Art. 1867. São prohibidas para o futuro as substituições fideicommissárias, excepto:
>
> 1.º Sendo feitas por pae ou mãe nos bens disponíveis, em proveito dos netos, nascidos ou por nascer;
> 2.º Sendo feitas em favor dos descendentes, em primeiro grau, de irmãos do testador.
>
> Art. 1868. O fideicommissario adquire direito á successão, desde o momento da morte do testador, ainda que não sobreviva ao fiduciário. Este direito passa aos seus herdeiros.
>
> Art. 1870. Não se reputará fideicommisso a disposição, pela qual algum testador deixe o usufructo de certa cousa a uma pessoa, e a propriedade a outra, com tanto que o usufructuario ou o proprietário não seja encarregado de transmitir a outrem, por sua morte, o dicto usufructo ou a dicta propriedade.
>
> Art. 1873. Os herdeiros ou os legatários, cujas heranças ou cujos legados estiverem sujeitos a substituições fideicommissarias, serão havidos por mero usufructuarios (PORTUGAL, 1868, p. 311-312).

Com efeito, a instituição de fideicomisso em prol do concepturo englobava três figuras principais, com distintos papéis: o testador, que era aquele que realizava a deixa testamentária; o fiduciário, que era aquela pessoa designada pelo testador para transmitir os bens ao terceiro, recebedor; e o fideicomissário, ou seja, o receptor final do patrimônio, o qual ainda não tinha sido concebido. O fiduciário, em que pese também ser herdeiro, por ser mero intermediador, possuía apenas a propriedade restrita e resolúvel dos bens, além do uso e gozo, não poderia, então, aliená-los ou dispô-los, mas tão somente resguardava-os para o fideicomissário.

Por outro lado, o Código Civil Português também permitia que fosse o concepturo beneficiado de forma sucessória pelo que usualmente ficou conhecido como *disposição direta ou pura* do testador, assim como se dava no Código Civil Italiano. Os artigos 1776 e 1777 traziam tal possibilidade, consoante se vê:

> Artigo 1776. Só podem adquirir por testamento as creaturas existentes, entre as quaes é contado o embrião.
>
> § Único. Reputa-se existente o embrião, que nasce com vida e figura humana dentro de trezentos dias, contados desde a morte do testador.
>
> Artigo 1777. Será, contudo, válida a disposição a favor dos nascituros, descendentes em primeiro grau de certas e determinadas pessoas vivas ao tempo da morte do testador, posto que o futuro herdeiro ou legatario venha á luz fóra do praso dos trezentos dias (PORTUGAL, 1868, p. 188).

Preliminarmente, a título de curiosidade, é de se destacar que o § único do artigo 1776 aludia não só à necessidade de que o embrião nascesse com vida, mas também de que possuísse forma humana, ou seja, não poderia ter nenhum tipo de má-formação física grave para ser considerado capaz sucessoriamente, discussão que permeou várias legislações europeias durante o século XIX e início do século XX, mas que não teve repercussão no Brasil.

De toda maneira, cada uma das formas escolhidas para se prestigiar o concepturo tinha uma justificação específica e uma relevância, conforme afirma GONÇALVES (1934, p. 703-704):

> Há circunstâncias, na verdade, em que não convém deixar tôda a herança a um herdeiro legitimário ou legítimo, por exemplo, quando este seja propenso à prodigalidade; outras vezes, o testador pretender favorecer o matrimónio de certas pessoas e garantir a subsistência da prole.

O autor, em comento à possibilidade de disposição direta ou pura e suas variadas situações de aplicabilidade prática, completa o raciocínio afirmando que "o remédio a tais situações pareceu, também, útil ao nosso legislador, a-pesar-de o nosso Código não haver abolido os fideicomissos, aliás acertadamente" (GONÇALVES, 1934, p. 704).

De outra banda, traz à tona também interessante discussão acerca da natureza jurídica da herança deixada pelo testador, revelando, pois, a existência de dois posicionamentos doutrinários sobre a questão: para o primeiro, a herança seria considerada jacente e, para o segundo, a herança seria deixada sob condição suspensiva, tanto em relação ao concepturo quanto aos herdeiros legítimos. Para o concepturo, a condição seria: *se nascer* e para os herdeiros legítimos *se as pessoas determinadas não tiverem filho algum* ou *se falecerem antes do testador* (GONÇALVES, 1934, p. 707).

Em continuidade, assinala que os bens do concepturo deveriam ser postos sob administração, regime jurídico totalmente diverso daquele envolvendo a herança jacente, e, por isso mesmo, só poderia então ter razão a segunda corrente doutrinária. Em seus dizeres:

> Há, porém, quem conteste ao facto do nascimento do herdeiro ou legatário concepturo a natureza de condição suspensiva; porque o nascimento é o início da personalidade, e não pode ser facto de que dependa a adquisição de direitos por um sujeito já existente; esse facto, embora futuro e incerto, não foi pôsto como condição por vontade do testador; êle é, antes, um requisito legal da validade da disposição testamentária, visto que não pode ser herdeiro ou legatário quem não existe. Não se trata, pois, de condição de facto, elemento acidental do acto jurídico; mas sim duma *conditio júris*, elemento essencial, integrante, sem o qual o acto jurídico não pode existir. O nascimento do concepturo não pode ser equiparado à instituição de herdeiro sob condição suspensiva propriamente dita.
>
> (...)
>
> O nascimento do herdeiro não é necessário para a validade do testamento. A disposição testamentária

é válida antes que o instituído nasça. Aquêle facto só é preciso para a eficácia da instituição, isto é, esta caducará se o instituído não nascer. Portanto, podemos manter a asserção de que a instituição do herdeiro ou legatário concepturo é condicional, o que no art. 1824.º se vê (GONÇALVES, 1934, p. 707-708).

Ademais, sobreleva outra relevantíssima discussão, que muito afligiu os estudiosos da época: em se tratando de nomeação de todos os filhos de pessoa certa e determinada, e não apenas um único, como ficaria a situação jurídica dos bens em relação aos filhos nascidos posteriormente ao primogênito?

Quer dizer,

> (...) enquanto subsistir a dita probabilidade [de nascimento de outros filhos], quais são os direitos do primeiro ou dos primeiros filhos nascidos? Esta espinhosa questão tem suscitado três opiniões. Segundo uns, a herança deve conservar-se indivisa até cessar a probabilidade de nascerem mais filhos. Dizem outros que o nascido ou nascidos se devem considerar proprietários da herança inteira, sob condição resolutiva parcial da superveniência dos filhos posteriores; por exemplo, quando nascer o primeiro, será êste o herdeiro da herança por inteiro; se nascer segundo, aquêle será herdeiro só da metade; se nascer terceiro, cada um dos antecedentes ficará com um têrço; e assim por diante. Sustentam outros que a herança deve ser, desde logo, dividida em tantos quinhos quanto os filhos possam vir a ter;

por exemplo, calcula-se que o casal terá seis filhos, e o primeiro terá 1/6 da herança; o resto continuará em administração, e cada filho posterior receberá 1/6; mas, se o número dos filhos fôr superior, a cada uma das sextas-partes se fará a dedução precisa para compor o quinhão dos outros; se, pelo contrário, o número fôr inferior, as sobras serão acrescentadas às sextas-partes já distribuídas (GONÇALVES, 1934, p. 709).

Conclui o autor, por exclusão, pela assertividade do terceiro posicionamento, julgando-o como o único, exeqüível, na prática. Para ele, a primeira corrente não se mostra adequada porque inexistiria qualquer razoabilidade em obrigar alguém a permanecer em indivisão por tempo indeterminado. Da mesma maneira, a segunda corrente não se mostra adequada porque a instituição do concepturo não configuraria uma instituição sob condição resolutiva, pelo contrário, estaríamos diante de um herdeiro incondicional desde o seu nascimento, dito de outra forma, inviável qualquer suscitação de que seja proprietário dos quinhões dos outros herdeiros, ainda que sob condição resolutiva, por expressa previsão legal, uma vez que os artigos 1822 a 1824 determinam que ao herdeiro incondicional cabe apenas a administração da herança - e não a propriedade (GONÇALVES, 1934, p. 709-710).

Por fim, mas não menos importante, quanto aos efeitos, destaca GONÇALVES (1934, p. 710-711) que

> O filho, que nascer, adquire direito à herança, com efeito retroactivo ao tempo em que se abriu a

sucessão. Tem direito, não só aos bens da herança, ou ao quinhão desta, mas também aos respectivos frutos, rendimentos e acessões, embora sem prejuízo do usufruto legal dos pais durante a menoridade, nem da remuneração do administrador da herança, que o art. 1825º equipara ao curador de bens de ausente, como já vimos.

2.2.3. O Ordenamento Jurídico Argentino e o Concepturo

O Código Civil Argentino de 1869, elaborado por Vélez Sarsfield, também pode ser considerado uma das grandes codificações do século XIX. Em sua elaboração, sofreu forte influência do direito brasileiro, notadamente do Esboço, de 1860, de Teixeira de Freitas.

Mais do que uma simples inspiração, Freitas foi, em realidade, uma grande referência para Vélez, que o considerava como "um luminar do direito" (WALD, 2004, p. 257). Estima-se que nada menos do que mil artigos do código se inspiraram na obra do jurista baiano, o que representa cerca de 1/4 da codificação (MEIRA, 1979, p. 318).

Todavia, diferentemente das previsões constantes do Código Civil Italiano e do Código Civil Português, o Código Civil Argentino não permitiu a sucessão do concepturo, conforme se verifica do artigo 3.290, *in verbis*:

Art. 3290. El hijo concebido es capaz de suceder. El que no está concebido al tiempo de la muerte del autor de la sucesión, no puede sucederle. El que estando concebido naciere muerto, tampoco puede sucederle (ARGENTINA, 1869, p. 632).

Por opção legislativa, apenas os nascituros poderiam ser alvos de deixa testamentária ou legatária. A concepção e o nascimento com vida eram requisitos mínimos para a concretização da sucessão, conforme explica o próprio SARSFIELD (1952, n. p.):

> El hijo en el seno de la madre, tiene sólo una vida común com ella; el nacimiento puede únicamente darle una vida individual. El Derecho, sin embargo, lo considera como hábil para suceder. Esta excepción es debida a lãs leyes romanas que consideraban al "foetus" como ya nacido cuando se trataba de suinterés. "Qui in utero est, proinde ac si rebus humanisesset". (L. 7, Dig. "De Stat. hom.". Véanselosarts. 63 a 69 de este Código, y el art. 70 ídem. Cód. francés, art. 906). Así, por ejemplo, um hijo renuncia a la sucesión de su padre muerto, o es excluido de ella como indigno; la sucesión, a falta de otros hijos, pasará a los abuelos o a los parientes colaterales. Si nace después um hijo al que renuncio La sucesión o fue excluido de ella, este hijo no podrá reclamar dela buelo la sucesión que había recaído em el que no estaba concebido al tiempo de la renuncia de su padre, com preferencia a sus ascendientes.
>
> Así también, un testador no podría instituir por heredero a una persona que no estuviere concebida al tiempo de su muerte, niaun subordinado formalmente La institución a la condición suspensiva "si naciere". La sucesión correspondería a los sucesores "ab intestato", porque el derecho no defiere jamás la sucesión sino pura y simplemente, de una manera irrevocable.

El principio de que la sucesión no se defiere a quien no está concebido, tiene consecuencias que no pueden disputarse. Los hijos legitimados, dice DURANTON, no tienen ningún derecho a las sucesiones de los parientes muertos antes del matrimonio que ha producido su legitimidad, aunque fuesen concebidos al tiempo de la muerte de sus parientes; porque no siendo legítima esa concepción anterior al matrimonio, es como si no hubiese existido para el efecto de atribuir al hijo el derecho de sucesión a los bienes de los parientes, pues que la legitimación no puede procurar a un hijo el beneficio de la legitimidad, sino desde la celebración del matrimonio sin efecto retroactivo. Estando ya la sucesión deferida a favor de esos parientes antes de esa época, la legitimación posterior del hijo no podría quitarle un derecho adquirido. Las sucesiones son siempre irrevocables, t. 6, núms. 67 y sigts. AUBRY y RAU, § 592. Véase DEMOLOMBE, t. 13, núms. 174 y sigts. y t. 18, núms. 580 y 581.

¿A quién corresponde la prueba de que el hijo ha nacido vivo? La incapacidad que deroga el derecho común no se presume. La presunción de derecho es, por el contrario, que todo hijo nace vivo, y por consiguiente al que alega que el hijo ha nacido muerto le corresponde probarlo.

2.2.4. O Ordenamento Jurídico Francês e o Concepturo

O Código Civil Francês de 1804, também conhecido como *Code Napoléon*, é uma das legislações mais famosas da história, não somente pela sua forma de sistematização, clareza, precisão e praticidade, mas também pelo impacto jurídico que causou no mundo, influenciando diversos outros códigos ao longo do tempo. Não é à toa que parte da doutrina considera-o como o monumento legislativo mais importante de todo o século XIX.

Sua elaboração se deu de forma célere e contou, em muitos momentos, com a ajuda do próprio Napoleão, que presidiu cerca de 57 das 102 sessões do Conselho de Estado que discutia o tema (ROBERTO, 2008, p. 39), chegando a afirmar que seu código viveria eternamente, e nada poderia apagá-lo (PLANIOL; RIPERT; BOULANGER, 1950, p. 35).

Em relação à capacidade sucessória, dispunha o artigo 906 do código que:

> Art. 906. Para ser capaz de receber 'inter vivos', basta estar concebido ao tempo da doação.
>
> Para ser capaz de receber por testamento, basta estar concebido na época da morte do testador.
>
> A doação ou testamento só terá, contudo, efeito se a criança nascer viável (DINIZ, 1962, p. 153).

Regra geral, então, a capacidade sucessória testamentária passiva tinha como requisito mínimo a concepção à época da morte do testador, de sorte que a disposição de última vontade seria válida caso a criança nascesse com vida. Dessa maneira, apenas as pessoas já existentes e os nascituros poderiam ser alvos de deixa testamentária ou legatária, uma vez que as substituições fideicomissárias foram vedadas, disposição constante do artigo 896 do código, consoante se vê:

Art 896. As substituições são proibidas.

Tôda disposição pela qual o donatário, o herdeiro instituído ou o legatário seja encarregado de conservar de entregar (uma coisa) a um terceiro, será nula, mesmo em relação ao donatário, ao herdeiro instituído ou ao legatário (DINIZ, 1962, p. 152).

LOUIS (1896, p. 202-203) sobreleva tal regra geral ao afirmar que,

> En príncipe, toute personne est capable de disposer ou de recevoir à titre gratuit, soit par donation, soit par testament. La capacite est la règle; l'incapacité, l'exception. Deux sortes d'incapacités: les incapacités absolues, et les incapacités relatives. Sont frappés d'une incapacite absolue et ne peuvent, par conséquent, recevoir de qui que ce soit: 1º les personnes qui ne sont pás encore conçues, au moment où le droit prend naissance (art. 906) (...).

BAUDRY-LACANTINERIE (1898, p. 482), na mesma linha, ressalta que "est capable de succéder toute personne qui n'em pás déclarée incapable par la loi. Le code civil établit deux causes d'incapacité: 1º le défaut d'existence de l'héritier lors de l'ouverture de la succession; 2º l'extranéité de l'héritier". Explica o autor:

> Pour succéder, Il faut nécessairement exister à l'instant de l'ouverture de la succession – Ainsi sont incapables de succéder, - 1º Celui qui n'est pás encore conçu; - 2º L'enfant qui n'est pás ne viable; - 3º Celui qui est mort civilement. Nul ne peut acquérir um droit, de quelque nature qu'il soit, qu'a la condition d'exister lors de l'ouverture de ce droit: car c'est à ce

moment que le droit se fixe, et Il ne saurait se fixer dans le vide. De là le príncipe que, pour succéder, Il faut nécessairement exister lors de l'ouverture de la succession.

Voici deux applications de ce príncipe:

1º Celui qui a cesse d'exister lors de l'ouverture d'une succession ne peut pás succéder. C'est pourquoi notre article déclarait incapable de succéder le mort civilement, application qui ne peut plus se présenter depuis que la mort civile est abolie. Il sous-entendait que la même incapacite frappé celui qui est mort naturellemnt. Ainsi une personne meurt, laissant comme plus proches parents deux cousins germains et les enfants d'um autre cousin germain décédé quelques jours auparavant. La succession reviendra tout germain prédécédé ne pourront pas en réclamer une partie du chef de leur père; car le droit héréditaire n'a pu se fixer sur la tête de celui-ci puisqu'il était mort à l'époque de lóuverture de la succession. N'ayant rien aequis, il n'a rien pu transmettre.

2 º Celui qui n'a pas encore commencé d'exister à l'instant de l'ouverture de la succession ne peut pás succéder. De lá l'incapacité dont notre article frappé celui qui n'est pás encore conçu. Ainsi um homme et une femme légitimement mariés ont deux enfants, Primus et Secundus; Primus meurt, et um autre enfant, Tertius, nait un an après sa mort. Ce dernier n'aura aucun droit dans la succession du défun, parce qu'il était pas encore conçu lors de son ouverture.

Em disant que l'enfant non conçu est incapable de succéder, la loi dit implicitement que l'enfant conçu peut succéder. C'est une application de la règle

> Infans conceptus pro nato habetur, quoties de commodis ejus agitur.
>
> Et toutefois, pour que le droit de succession puísse se fixer sur la tetê d'um enfant qui n'est encore que conçu lors de l'ouverture, la loi exige que cet enfant naisse vivant et viable. L'enfant conçu est donc capable de succéder sous la condition qu'il naitra vivant et viable.
>
> a. Il faut que l'enfant naisse vivant. Qui mortui nascuntur, liberorum loco non sunt.
>
> b. L'enfant doit em outre naitre viable, c'esst-à-dire ayant l'atitude à vivre, vitae habilitas. Ne satisfait pás à cette condition l'enfant qui nait avec une constitution tallement défectueuse que son existente ne peut pas se prolonger au dela d'um tempes três court. La loi assimile à l'enfant mort-né celui qui ne nait que pour mourir; Il ne pourra donc pás succéder. La question de viabilité est une question de fait, que le juge aurait à résoudre au cas de contestation em s'aidant au besoin du secours des gens d l'art (BAUDRY-LACANTINERIE, 1898, p. 25-27).

Todavia, em duas situações excepcionalíssimas, como aponta, permite-se que a criança por nascer, isto é, o concepturo, seja beneficiado de forma testamentária:

> En résumé, les substitutions fidéicommissaires, proscrites en principe par l'art. 896, sont autorisées par excepetion dans deux cas: 1º un père peut donner à son fils, par acte entre vifs ou testamentaire, tout ou partie des biens composant sa quotité disponible, avec charge de les rendre à sa mort (ce qui implique

la charge de les conserver) à tous ses enfants nés ou à naitre; 2º un frère est autorisé à faire une disposition semblable en faveur de son frère, avec charge de resstitution au profit des enfants nés ou à naitre de celui-ci. Et toutefois, la disposition n'est valable dans ce dernier cas que si le disposant meurt sans enfants (BAUDRY-LACANTINERIE, 1898, p. 482).

Exceções admitidas pela dicção do artigo 897 do código, *in verbis*:

> Art. 897. Ficam excetuadas das duas primeiras alíneas do artigo anterior as disposições permitidas aos pais e mães e aos irmãos e irmãs, no Capítulo VI do presente Título (DINIZ, 1962, p. 152).

Artigo que, com efeito, nos remente diretamente ao Capítulo VI, "Das Disposições Permitidas em Favor dos Netos do Doador ou do Testador, ou dos Filhos de seus Irmãos ou Irmãs", localizado no Título II, "Das Doações 'Inter Vivos' e dos Testamentos", o qual possui vinte e sete artigos, sendo os dois primeiros, os artigos 1048 e 1049, aqueles que mais nos interessam, dado que preveem, de modo inequívoco, a possibilidade de que o concepturo seja instituído como herdeiro testamentário, seja ele neto do testador, ou filho do irmão do testador, desde que respeitados os requisitos impostos pela codificação, conforme se vê:

> Art. 1048. Os bens dos quais o pai e a mãe têm a faculdade de dispor, poderão eles ser doados, no todo ou em parte, a um ou a várias de seus filhos, por artos 'inter vivos' ou testamentários, com o encargo de entregar êsses bens aos filhos nascidos ou

por nascer, no primeiro grau sòmente, dos referidos donatários.

Art. 1049. Será válida, no caso de morte sem filhos, a disposição que o 'de cujus' tenha feito, por ato 'inter vivos' ou testamentário, em proveito de um ou de vários de seus irmãos ou irmãs, de todos ou de parte dos bens que não constituem legítima, com o encargo de entregar êsses bens aos filhos nascidos ou por nascer, no primeiro grau sòmente, dos referidos irmãos ou irmãs donatários (DINIZ, 1962, p. 170-171).

Portanto, "(...) pode-se dizer que foram proibidas as substituições, com exceção da que é instituída pelos pais, ou irmãos sem filhos, em favor dos filhos do gravado, para assegurar a transmissão dos bens àqueles, aos quais seriam normalmente destinados" (PEREIRA, 2009, p. 271-272). Logo, por exemplo, em uma situação em que certa pessoa que não possui filhos, ela pode deixar seus bens (que não integram a legítima) em proveito de um determinado irmão, para que este os entregue aos seus filhos ainda por nascer, isto é, aos concepturos, concretizando, assim, a ideia de substituição.

2.3 Brasil: Panorama Geral do Direito nos Primeiros 300 Anos

Em função da relação colônia-metrópole, a história jurídica do Brasil naturalmente se entrelaça com a de Portugal, já que por muito tempo vigeu no Brasil o Direito Português.

Preliminarmente, é de se comentar que o Direito Português pré-codificação é extremamente vasto e complexo, fruto das multifacetadas, plurais e sucessivas modificações que o país passou durante sua história. A partir de 1446, começaram a vigorar em Portugal as Ordenações Afonsinas do Reino, uma coleção de normas e provimentos reguladores da vida civil, promulgados no reinado de Dom Afonso V, que tinham como fonte, em grande parte das vezes, o Direito Romano e o Canônico. Elas vigoraram até a edição das Ordenações Manuelinas, em 1521, no Reinado de Manuel I, as quais representaram a gradual evolução do Direito Português. Sem embargo, em 1603 foram promulgadas as Ordenações Filipinas, no reinado de Felipe II, que buscaram ser um aprimoramento às Ordenações Manuelinas. Ocorre que muitos pontos contraditórios não foram alterados, ou seja, na prática, elas representaram pouquíssimas modificações, careciam de originalidade.

Em outros termos, "(...) o ciclo genético do moderno direito privado português [somente] se inicia pelos meados do século XVIII. Até aí, [predomina] um sistema jurídico assente nas Ordenações e em numerosas [e contraditórias] leis complementares (...)" (COSTA, 2007, p. 410), as quais também vigoravam no Brasil.

Apesar da independência brasileira em 1822, não houve uma automática emancipação do Direito Português que aqui vigia até então, ou seja, ele se manteve em vigor no Brasil. Nas palavras de JUNIOR (2017, p. 57), "à independência política não correspondeu, portanto, uma pretensão de ruptura imediata com a tradição jurídica (...)".

A própria Lei de 20 de outubro de 1823, primeiro ato legislativo decretado pela Assembleia Geral Constituinte e Legislativa Imperial, determinava a perpetuação do Direito Português:

> A Assembléa Geral Constituinte e Legislativa do Imperio do Brazil Decreta.
>
> Art. 1º As Ordenações, Leis, Regimentos, Alvarás, Decretos, e Resoluções promulgadas pelos Reis de Portugal, e pelas quaes o Brazil se governava até o dia 25 de Abril de 1821, em que Sua Magestade Fidelissima, actual Rei de Portugal, e Algarves, se ausentou desta Côrte; e todas as que foram promulgadas daquella data em diante pelo Senhor D. Pedro de Alcantara, como Regente do Brazil, em quanto Reino, e como Imperador Constitucional delle, desde que se erigiu em Imperio, ficam em inteiro vigor na pare, em que não tiverem sido revogadas, para por ellas se regularem os negocios do interior deste Imperio, emquanto se não organizar um novo Codigo, ou não forem especialmente alteradas.
>
> Art. 2º Todos os Decretos publicados pelas Côrtes de Portugal, que vão especificados na Tabella junta, ficam igualemnte valiosos, emquanto não forem expressamente revogados (BRASIL, 1823, p. 1).

Contudo, a disposição do artigo 179, XVIII da Constituição Imperial de 1824, concebida pouco após a referida Lei, visando a criação de um Direito puramente nacional, preconizava a necessidade de criação de um Código Civil e um Penal Brasileiros, *in verbis*:

> Art. 179. A inviolabilidade dos Direitos Civis, e Politicos dos Cidadãos Brazileiros, que tem por base a liberdade, a segurança individual, e a propriedade, é garantida pela Constituição do Imperio, pela maneira seguinte.
>
> XVIII. Organizar-se-ha quanto antes um Codigo Civil, e criminal, fundado nas solidas bases da Justiça, e Equidade (BRASIL, 1824, p. 1).

Ocorre que não veio o Código Civil nos anos que se seguiram[14], permanecendo em vigência no país as Ordenações Filipinas do Reino de Portugal, datadas de 1603, bem como as fontes subsidiárias e os provimentos extravagantes, que, em matéria sucessória, apresentavam uma caótica e conturbada teia de disposições, não raras vezes contraditórias e lacunosas, além de descoladas da realidade social.

Em função disso, Teixeira de Freitas foi convidado a proceder a um trabalho hercúleo, qual seja a consolidação das leis civis até então vigentes, visando dirimir todo o imbróglio normativo que pairava sobre o país e de igual sorte preparar o terreno para a elaboração de um Código Civil nacional.

---

[14] O Código Civil, em verdade, só veio com Clóvis Bevilaqua em 1916.

2.4. Teixeira de Freitas e o Concepturo

2.4.1. A Consolidação das Leis Civis

Teixeira de Freitas, o jurisconsulto do império, foi sem dúvida um dos maiores ícones jurídicos de toda a história e um dos personagens mais importantes na construção do Direito nacional, que no início do século XIX ainda se encontrava em fase embrionária[15-16].

Dono de uma pena afiada e de uma personalidade marcante, é considerado um jurista extremamente avançado para seu tempo e de uma proeminência intelectual ímpar, o que lhe rendeu a designação para a consolidação da legislação civil então vigente no império.

A incumbência partiu do Ministro dos Negócios da Justiça, Conselheiro José Thomaz Nabuco de Araújo, que "impelido a iniciar o processo de codificação, mas amarrado pela falta de recursos orçamentários do Ministério, contrata

---

[15] O Brasil, em que pese a independência em 1822, bem como a expressa determinação do artigo 179, XVIII da Constituição de 1824 para a feitura de um Código Civil, não o fez nos anos que se seguiram, de modo que permaneceram em vigência no país as Ordenações Filipinas do Reino de Portugal, datadas de 1603, bem como as fontes subsidiárias e os provimentos extravagantes. O Código Civil só veio, em realidade, com Bevilaqua, em 1916, após os frustrados projetos de Freitas, Nabuco de Araújo, Felício dos Santos e Coelho Rodrigues, todos na segunda metade do século XIX.

[16] A doutrina civilista, vale ressaltar, até a primeira metade do século XIX, em sua maior parte, era composta por textos portugueses de MELO FREIRE (*Institutiones Iuris Civili Lusitani*), de LIZ TEIXEIRA (Curso de Direito Civil Português), de LOBÃO (Notas a Melo), de CORRÊA TELES (Digesto Português), de BORGES CARNEIRO (Direito Civil de Portugal), de RIBAS (Direito Civil) e de COELHO DA ROCHA (Instituições de Direito Civil Português).

seu grande amigo e ex-colega de graduação, o Conselheiro Augusto Teixeira de Freitas, para consolidar o Direito Civil vigente" (QUINTELLA, 2013, p. 95).

O contrato, que fora firmado em 15 de fevereiro de 1855, pormenorizava as condições a serem seguidas por Freitas:

> 1ª) Coligirá e classificará toda a Legislação Pátria, inclusive a de Portugal, anterior à Independência do Império, compreendendo-se na coleção e classificação as Leis ab-rogadas ou obsoletas, com exceção das portuguesas, que forem peculiares àquele Reino e não contiverem alguma disposição geral, que estabeleça regra de Direito.
>
> 2ª) A classificação guardará as divisões do Direito Público ou Administrativo, e Privado, assim como as subdivisões respectivas: – será feita por ordem cronológica, contendo, porém, índice alfabético por matérias.
>
> 3ª) Consolidará toda a Legislação Civil Pátria com as mesmas condições da classificação. Consiste a consolidação em mostrar o último estado da Legislação.
>
> A consolidação será feita por títulos e artigos, em os quais serão reduzidas a proposições claras e sucintas as disposições em vigor. Em notas correspondentes deverá citar a Lei que autoriza a disposição, e declarar o costume que estiver estabelecido contra ou além do texto (MEIRA, 1979, p. 101).

Quer dizer, o jurista baiano deveria

'previamente, consolidar toda a legislação pátria', 'mostrando o último estádio da legislação', 'por títulos e artigos', citando-se em notas correspondentes, 'a lei que autoriza a disposição e declara o costume que estiver estabelecido contra ou além do texto'. O contrato estabelecia ainda, entre outros dispositivos, que a consolidação, a ser concluída 'dentro de cinco anos', deveria ser feita 'por ordem cronológica, contendo, porém, índice alfabético por matérias' (LEVÁY, 2014, p. 2).

A necessidade da consolidação firmava-se, pois, na enorme complexidade legislativa que se vivia à época, como aludido alhures, em que se tinha "um ambiente extremamente confuso no que se relaciona à aplicação da legislação (...). Em paralelo às Ordenações Filipinas, estava vigendo uma vasta legislação extravagante" (PEREIRA, 2017, p. 137).

A fonte principal do Direito era "um defeituoso corpo de leis de origem espúria, que se acha[va] em frangalhos, mordido há quase três séculos pelas traças da decadência" (BEVILAQUA, 1906, p. 21).

Em outros dizeres, reunir e classificar a legislação em vigência, fazendo emergir dessa atomização um corpo uno e coeso, encontrava dificuldades na disformidade e incoerência das fontes que estavam disponíveis, que incluíam desde as Ordenações Filipinas do Reino de Portugal até as diversas legislações e provimentos extravagantes[17]. Sem embargo, o

---

[17] A complexidade era tamanha que os próprios comentadores do Direito não chegavam a um consenso sobre a vigência ou caducidade de diversas

próprio FREITAS (2003, p. 32) denotou a obscuridade que pairava sobre a legislação civil ao afirmar que "as cousas têm chegado á tal ponto, que menos se conhece, e estuda, nosso Direito pelas leis, que o constituem; do que pelos Praxistas que as invadirão".

Apesar das dificuldades, a obra foi terminada em menos de 3 anos, muito antes do fim do prazo contratual, sendo que

> (...) a Tiprografia Universal de Laemmert imprimiu a primeira edição, antes mesmo da aprovação do Governo, a qual viria mais tarde, em 4 de dezembro de 1958, por meio do parecer da comissão encarregada de examinar o trabalho, composta pelo Visconde de Uruguai, por Caetano Alberto Soares e pelo próprio Nabuco de Araujo (...) (QUINTELLA, 2013, p. 98).

E, em 24 de dezembro de 1858, adveio a aprovação imperial:

> (...) communico a Vm., para seu conhecimento, que S. M. o Imperador dignou-se approvar a referida Consolidação; e manda louvar o zelo, intelligencia, e aclividade, com que Vm. se dedicou ao importante trabalho, de que fora incumbido (FREITAS, 2003, p. 27).

---

matérias, bem como acerca das fontes que subsidiavam o Direito. Os comentadores, que "ou pela escassez de que têm sido accusados, ou por fugirem á maior trabalho, reportarão-se muitas vezes ao Direito Romano, e mesmo geralmente o autorisárão mandando até guardar as glosas de Accursio, e as opiniões de Bartolo e mais Doutores" (FREITAS, 2003, p. 32).

A Consolidação, em que pese muitas vezes ser enxergada como uma mera preparação (PEREIRA, 1985, p. 166), foi a primeira obra civilista nacional de grande repercussão, ainda que se trate de uma consolidação de legislações[18]. Isso porque Freitas

> Mergulhou neste labirinto de normas sem conteúdo filosófico e sem sistematização, e revelou aí seu espírito criador: retirou do amontoado de preceitos sem lógica um monumento sistemático. Gesto bíblico, como nas primeiras páginas do Genêsis, imprimiu ordem ao caos (PEREIRA, 1985, p. 167).

Ela é considerada por muitos um dos trabalhos mais primorosos já realizados em toda a história do Direito brasileiro. PEREIRA (1985, p. 165-166) chega a afirmar, inclusive, que é a obra que mais influenciou o Direito nacional, mais até do que o Esboço, não se olvidando que foi traduzida para o francês e comentada por La Grasserie, o que

---

[18] Aqui, interessante salientar a diferença entre a consolidação de leis e a codificação propriamente dita. Em síntese, a consolidação é resultante de um processo de organização e sistematização das normas vigentes em uma sociedade, em um determinado momento, ou seja, trata-se de uma simples compilação; já a codificação pode ser entendida como um ato de criação voltado para o futuro, em que se busca criar normas para a sociedade, geralmente com caráter de completude, clareza de redação, acessibilidade, rigidez e brevidade. Sobre o tema, ver PEREIRA, Fábio Queiroz. *Consolidação e Codificação em Direito Civil*: Bases Conceituais e Experiência Sulamericanas. In: RIBEIRO, Gustavo Pereira Leite; ROBERTO, Giordano Bruno Soares. Teixeira de Freitas e o Direito Civil: Estudos em Homenagem ao Bicentenário (1816 – 2016). Belo Horizonte: Initia Via, 2017, p. 129-136; e ROBERTO, Giordano Bruno Soares. *Introdução à História do Direito Privado e da Codificação*: Uma Análise do Novo Código Civil. 2ª Ed. Belo Horizonte: Del Rey, 2008, p. 24-26.

raramente acontecia com obras daquele período (WALD, 2004, p. 251).

> A originalidade da Consolidação, que iríamos reencontrar no Esbôço, decorre em grande parte do seu planejamento científico e do seu modo de tratar os diversos assuntos, reagindo no particular, em parte, contra o plano adotado pelo Código de Napoleão, que, na época, se aplicava, com pequenas modificações, na maioria dos países latino-americanos.
>
> Retomando e desenvolvendo as idéias de autores que inspiraram o Código austríaco de 1811, Teixeira de Freitas baseou-se na divisão entre direitos absolutos e direitos relativos, ou seja, entre os direitos reais e pessoais (WALD, 2004, p. 250).

A Consolidação foi sistematicamente dividida em duas partes: a Geral e a Especial. A Parte Geral se subdividia em dois Títulos, o relativo às Pessoas e o relativo às Coisas; a Parte Especial, de outro lado, era dividida em dois livros. O primeiro deles versando sobre os Direitos Pessoais (o qual também se dividia em duas seções: a seção dos Direitos Pessoais nas Relações de Família, que englobava tanto matérias envolvendo matrimônio, paternidade, maternidade, filiação, filiação ilegítima e adoção, parentesco, tutelas e curatelas; e a seção dos Direitos Pessoais nas Relações Civis, que englobava uma Teoria Geral dos Contratos, os Contratos em Espécie, o Dano, Esbulho e as Formas de Extinção dos Direitos Pessoais); e o segundo livro versando sobre Direitos Reais (envolvendo Domínios, Servidões, Herança, Hipoteca e Prescrição).

No entanto, dos 1.333 artigos da Consolidação, bem como das 187 páginas da Introdução[19], o presente estudo se limitará a tratar apenas daqueles temas que envolvem o direito sucessório testamentário e as instituições de fideicomisso, mais especificamente no que cinge à possibilidade de se testar (ou não) a favor do concepturo, isto é, para aquele que ainda não foi concebido, que não existe no plano fático, no mundo das coisas[20].

Com efeito, na Consolidação das Leis Civis, para que alguém pudesse ser capaz de suceder, ou seja, de ser herdeiro ou legatário do sucedendo, necessitava ter *capacidade de direito*[21].

---

[19] No próprio relatório da comissão incubida de revisar a Consolidação, constavam menções expressas ao brilhantismo da Introdução. Ela, inclusive, foi considerada por muitos um dos mais rigorosos e profundos estudos do direito brasileiro (PEIXOTO, 1939, p. 6).

[20] Em se tratando da possibilidade de se testar ou deixar legado àquele que ainda não nasceu, ou seja, ao concepturo, dúvidas não restam na doutrina sobre a viabilidade de tal instituição no período pós-codificação, já que em ambos os Códigos Civis Brasileiros há expressa previsão que permite privilegiar o concepturo: no Código de Bevilaqua, a possibilidade, em sua forma pura, estava albergada no artigo 1718; e a possibilidade através da instituição de fideicomisso estava amparada nos artigos 1733, 1734, 1735, 1736, 1737, 1738, 1739 e 1740. Já no Código Civil de 2002, a forma pura de se testar a favor do concepturo está encampada pelo artigo 1799, I e 1800; e aquela que se dá por meio da instituição de fideicomisso está calcada nos artigos 1951, 1952, 1953, 1954, 1955, 1956, 1957, 1958, 1959 e 1960. Dúvida exsurge, em realidade, no período pré-codificação, objeto de estudo do presente texto, o qual busca analisar especificamente tal permissão na Consolidação das Leis Civis, de Freitas (1857).

[21] Aqui, o conceito de capacidade de direito ainda estava em amadurecimento na obra de FREITAS. Primeiramente, na Introdução, FREITAS (2003, p. 124) começou a delinear os contornos primitivos envolvendo o conceito de capacidade jurídica. Para ele, "a capacidade jurídica portanto se-reduz

Prefacialmente, para FREITAS (2003, p. 585-586), existiam no direito sucessório três tipos diferentes de incapacidades de direito (e consequentemente três capacidades): (i) a incapacidade para suceder de forma legítima, constante do artigo 982 da Consolidação, isto é, sem testamento, o que seria

á capacidade de obrar, só exprime um maior ou menor gráo de aptidão, a diversidade de aptidões, o que constituo o estado das pessoas". Mais a frente, contudo, tratando especificamente da capacidade civil, FREITAS (2003, p. 593) assevera que a incapacidade de fato seria aquela incapacidade fática para exercer atos da vida civil, seja por impossibilidade física ou moral de agir/de obrar. Como contraponto lógico, a capacidade de fato poderia ser definida como a capacidade para exercer na prática os atos da vida civil. Isso tudo, destarte, parece nos levar a concluir que na Consolidação a incapacidade de direito seria a incapacidade *in abstrato* para exercer os atos da vida civil, sendo a capacidade de direito, noutro giro, a capacidade *in abstrato* de poder exercê-los. Contudo, os conceitos envolvendo capacidade foram logo em seguida aprimorados por FREITAS. Primeiramente, na Nova Apostila (1859): "Inicialmente, cabe destacar que a discussão de Freitas sobre capacidades na Nova Apostila representa uma fase reflexiva. Provocado e inspirado pelo debate entre Moraes Carvalho e Seabra, Freitas desenvolve uma exposição teórica que avança, em muito, com relação à Consolidação, e que prepara as bases para o que virá no Esboço. No texto, Freitas começa a discutir – o que não fizera antes – noções de capacidades, indicando que em Direito Civil as locuções derivadas do vocábulo, como, por exemplo, capacidade jurídica e capacidade civil, têm conteúdo técnico. É posteriormente no Esboço que Freitas tecerá, com todo cuidado, os diversos conceitos que comporão sua teoria" (QUINTELLA, 2013, p. 110). E, por fim, como dito, no Esboço (1860), que trouxe os conceitos definitivos acerca de capacidade de direito, incapacidade de direito, capacidade de fato, incapacidade de fato etc. Sobre o tema, ver: QUINTELLA, op. cit., p. 95-163. Apenas a título de curiosidade, cabe ressaltar que o próprio FREITAS (2003, p. 124), comentando de forma posterior a Introdução da Consolidação, retifica seu posicionamento sobre a capacidade nela expressa: "O ultimo estudo da capacidade civil, cujo resultado é o que apparece nos Arts. 16 e seguintes do Esboço do Código Civil, convenceu-me de que Ella nao se-reduz á capacidade de obrar. A capacidade civil é de direito, ou de facto; e esta ultima vem â sêr a capacidade de obrar, consiste na aptidão, ou no grão de aptidão, das pessoas para exercerem por si os actos da vida civil. Fiquem, portanto, rectificadas as idéas aqui expostas com as do texto do Esboço, e seus commentarios".

PANORAMA HISTÓRICO-JURÍDICO DO REGIME SUCESSÓRIO DO CONCEPTURO

uma negação à capacidade de suceder legítima, prevista nos artigos 959 a 981 da Consolidação; a (ii) a incapacidade testamentária ativa, que seria uma negação da capacidade testamentária ativa prevista no artigo 993 a 998 da Consolidação; e a (iii) incapacidade testamentária passiva, que seria a negação da capacidade testamentária passiva, a qual se encontra consagrada nos artigos 999 a 1024 da Consolidação.

Ao se analisar as disposições sobre a capacidade testamentária passiva e sobre a incapacidade testamentária passiva, percebe-se que estão mescladas, ou seja, embaralhadas, sem que haja qualquer divisão sistemática sobre o tema.

Desse modo, cumpre organizar de modo objetivo os artigos 999 a 1008 da Consolidação[22], especificando quais seriam os entes que não poderiam suceder (incapazes testamentários passivos) e quais poderiam (capazes testamentários passivos), isso tudo com intuito de que se possa ter um panorama geral mais claro sobre o assunto:

---

[22] Os arts. 1009 a 1024 da Consolidação não tratam especificamente do rol de capazes ou incapazes de direito para herdar ou receber legado, mas apenas tangenciam o tema e delineiam diversos procedimentos conexos. Em verdade, os arts. 1009 e o 1010 versam sobre disposições feitas pelo testador na hipótese de existirem herdeiros necessários. Os arts. 1011, 1012 e 1013 se relacionam com a deserdação. O art. 1014, por outro lado, trata de preterição de herdeiros necessários em caso de suposição de sua morte. Já o art. 1015 exprime a situação daquele filho legítimo nascido após o testamento, ou quando o sucedendo já o tinha, mas disso não sabia; isso levando em consideração que tal filho devesse estar vivo à época de falecimento do sucedendo. O art. 1016 trata da deserdação dos descendentes pelos ascendentes e o art. 1017 sobre a possibilidade de se intentar ação de deserdação contra filha. O art. 1018, noutro âmbito, prevê a deserdação dos ascendentes pelos descendentes. Os arts. 1019, 1020 e 1021 se relacionam com a preterição de irmão e a possibilidade de revogação do testamento por este. Por fim, os arts. 1022, 1023 e 1024 lidam com regras de sucessão.

CAPACIDADE TESTAMENTÁRIA PASSIVA (PODERIAM SUCEDER):

- Religiosos secularizados, desde que não houvesse prejuízo das legítimas dos herdeiros necessários[23];
- Religiosos professos em relação aos legados de tenças vitalícias com fins de subsistência[24];
- Corporações de Mão-Morta, em relação aos legados, desde que não se trate de bens de raiz[25];
- Os filhos ilegítimos de qualquer espécie, desde que não haja herdeiros necessários[26-27];
- Os herdeiros necessários, que tinham direito à legítima, a qual era composta de 2/3 do patrimônio do sucedendo[28-29];

---

[23] Art. 999 da Consolidação das Leis Civis.

[24] Art 1001 da Consolidação das Leis Civis.

[25] Art. 1004 da Consolidação das Leis Civis.

[26] Art. 1005 da Consolidação das Leis Civis.

[27] Nos moldes do art. 1006 da Consolidação, são herdeiros necessários os descendentes, e os ascendentes, capazes de suceder de forma legítima, na forma do art. 959 §§ 1º e 2º, 961 e 963 da Consolidação. Ainda, os filhos ilegítimos sucessíveis (não havendo herdeiros necessários) tinham sua filiação comprovada com o reconhecimento paterno em testamento, do mesmo modo que em escritura pública, consoante o art. 1007 da Consolidação.

[28] Art. 1008 da Consolidação das Leis Civis.

[29] Consoante apregoa FREITAS (2003, p. 604), "(...) só pôde dispor da sua terça-. As legitimas nao podem ser clausuladas por condições, nem oneradas por encargos; porém nos limites da terça (como em toda a herança, quando nao ha herdeiros necessários), é licito ao testadôr dispor com as condições, e encargos, que quizér, uma vêz que não sejao impossíveis, torpes ou irrisórias".

PANORAMA HISTÓRICO-JURÍDICO DO
REGIME SUCESSÓRIO DO CONCEPTURO

49

> **INCAPACIDADE TESTAMENTÁRIA PASSIVA (NÃO PODERIAM SUCEDER):**
> - Religiosos professos em relação à herança[30];
> - A alma, em relação à herança e legados[31];
> - Ordens, Irmandades ou Corporações, em relação à herança[32];

Partindo da análise de tal quadro, nota-se que em momento algum é mencionado que aquele que não nasceu e que não foi concebido possui capacidade sucessória passiva, o que parece desaguar na indubitável conclusão de que por meio de disposição testamentária pura ou direta não seria possível a sucessão do concepturo na Consolidação das Leis Civis.

No entanto, haveria alguma outra forma de se prestigiar o concepturo na sucessão, permitindo que fosse instituído como herdeiro ou legatário? A resposta parece ser positiva, e a solução aparenta encontrar guarida na instituição de fideicomisso, assim como acontecia no Direito Romano, guardada as devidas proporções e respeitadas as evoluções sofridas pelo instituto.

Ao comentar o rol daqueles que não possuem capacidade para suceder de forma legítima, FREITAS (2003, p.

---

[30] Art. 1000 da Consolidação das Leis Civis.

[31] Art. 1002 da Consolidação das Leis Civis.

[32] Art. 1003 da Consolidação das Leis Civis.

586) inicia o assunto e assevera que de fato foram os fideicomissos criados para fraudar normas sucessórias injustas. E, quando configurassem fraude, seriam vedados pelas Ordenações Filipinas do Reino de Portugal:

> Ord. L. 2º T. 26 § 23. Item, toda a cousa, que He deixada em testamento, codicillo, ou ultima vontade a algum herdeiro, testamenteiro, legatário, ou fidecommissario, e elle he rogado tacitamente pelo testador de a entregar depois de sua morte a alguma pessoa incapaz, porque em tal caso aquillo, que assi he deixado tacitamente, por defraudar a Lei, he applicado ao Fisco, e he feito Direito Real (BRASIL, 1870, p. 26).

Isto é, era proibida a instituição de fideicomisso tácito[33], legado ou testamento com intuito de fraudar a lei. E, caso isso ocorresse, o destinatário sucessório do patrimônio passaria a ser o Fisco.

Todavia, FREITAS (2003, p. 586) pondera que tal disposição teria caducado após a entrada em vigor da Constituição Imperial de 1824, a qual previa, em seu artigo 179, § 20, que:

> Art. 179. A inviolabilidade dos Direitos Civis, e Politicos dos Cidadãos Brazileiros, que tem por base a liberdade, a segurança individual, e a propriedade,

---

[33] O fideicomisso tácito seria aquele deixado para fraudar leis injustas diante de diversas incapacidades de suceder. Sobre o tema, ver FREITAS, op. cit. 586. No Direito Romano, o tema é tratado por CUBILLAS, op. cit., p. 831-861.

é garantida pela Constituição do Imperio, pela maneira seguinte.

XX. Nenhuma pena passará da pessoa do delinquente. Por tanto não haverá em caso algum confiscação de bens, nem a infamia do Réo se transmittirá aos parentes em qualquer gráo, que seja (BRASIL, 1824, p. 1).

Ou seja, diante da vedação constitucional de confisco por parte do Fisco, FREITAS (2003, p. 586) entende que a citada disposição das Ordenações Filipinas teria perdido vigência e, como conseqüência, não haveria mais nenhum tipo de proibição de instituição de fideicomisso, privilegiando-se a vontade última do testador. Em suas próprias palavras:

> Comparando-se a – incapacidade de succeder ab intestado – com a – incapacidade testamentária passiva -, vê-se logo, que á pouco estão reduzidas actualmente, e que, portanto, não procedem na máxima parte os escriptos de Gouv. Pint. Testam. Sobre os incapazes de succeder em uma de suas Notas sobre a – Successão do Fisco e Corôa -, com referencia á Lobão Acc. Summ., e ao Direito Romano. Aos fideicommissos, introduzidos para fraudar leis injustas contra a capacidade de succedêr, e legitimados pelo Imperadôr Augusto, deve-se a extirpação de tantas incapacidades de succeder. Veja-se Per. E Souz. Diccion. Juri. vb. – fideicommisso -. Ahi Lê-se: - <Os fideicommissos tactios, pelos quaes se-procura por interpostas pessôas fazêr passar a herança á pessôas prohibidas por direito, são nullos como feitos

em fraude das leis – L 11 e 18 – *De hisquoe ut indgnis auferuntur.*> - No Direito Patrio esta disposição romana correspondente á da Ord. L. 2ª T. 26 § 23, que a-applicava ao Fisco, e fazia direito real, o que á testamenteiro, legatário, ou fidei-commissario, é deixado tacitamente por defraudar a Lei. Ora, a sancção em proveito do Fisco tem cessado em face do Art. 179 § 20 da nossa Const. Polit., dizendo – não haverá em caso algum confiscação de bens. A nullidade também cessou, já porque a nossa mesma Const. garantio a liberdade de pensamento, já porque a nossa legislação moderna respeita coherentemente o segredo das disposições de ultima vontade. Vid. Not. Ao Art. 1083 (FREITAS, 2003, p. 586).

Em continuação, sabe-se as substituições estavam previstas no capítulo III da Consolidação, localizado dentro do Título III, o qual versava sobre a herança e seus desdobramentos. No artigo 1034, FREITAS (2003, p. 617) apresentou o conceito de substituição: "Art. 1034. Substituição é a instituição de herdeiro feita pelo testadôr em segundo grão".

Logo em seguida, no artigo 1035, indicou quais seriam os tipos de substituições existentes: "Art. 1035. A substituição pôde sêr vulgar, reciproca, pupillar, exemplar ou compendiosa (FREITAS, 2003, p. 617)".

PANORAMA HISTÓRICO-JURÍDICO DO
REGIME SUCESSÓRIO DO CONCEPTURO

53

A substituição vulgar encontraria previsão no artigo 1036[34], a recíproca no artigo 1041[35], a pupilar no artigo 1045[36], a exemplar no artigo 1051[37] e a compendiosa no artigo 1052[38], todos da Consolidação.

Nesse ponto, interessante notar que a substituição compendiosa era uma modalidade que englobava duas substituições diferentes, a substituição vulgar e a fideicomissária. Nos dizeres de FREITAS (2003, p. 620),

> Esta substituição chama-se compendiosa, porque comprehende a substituição vulgar e a substituição fideicommissaria; de modo, que não ha substituição compendiosa, sem que seja fideicommissaria; mas a substituição pôde ser fídeicommissaria sem que seja compendiosa.

Segundo ele, na substituição fideicomissária haveria a instituição de um fideicomissário, que por último receberia

---

[34] Art. 1036. Ha substituição vulgar, quando o testadôr dispõe, que alguém seja seu herdeiro, se o não fôr o herdeiro instituído.

[35] Art. 1041. Ha substituição reciproca, quando o testador instítúe muitos herdeiros; e dispõe, que se substiluão entre si reciprocamente, succedendo uns aos outros.

[36] Art. 1045. Ha substituição pupülar, quando o pai testadôr, instituindo herdeiro ao filho sob seu poder, nomêa-lhe substituto para o caso de fallecèr dentro da pupiliar idade.

[37] Art. 1051. Ha substituição exemplar, quando os ascendentes, tendo descendentes impossibilitados de fazer testamento por loucura, ou por outro impedimento natural, os instituem com a declaração de serem substituídos por certo herdeiro, sendo que falleção durante o impedimento.

[38] Art. 1052. Ha substituição compendiosa, quando o testador designa o herdeiro, quê deve substituir ao herdeiro instituído, se este vier á fallecér.

os bens e direitos, e um fiduciário, simples intermediário na transferência patrimonial (FREITAS, 2003, p. 621)[39].

Em continuação ao comentário acima esposado, FREITAS (2003, p. 621), no entanto, assevera que a substituição fideicomissária só poderia ser feita por meio de codicilos:

> O que á cima lê-se da 2.ª Ed. sobre a substituição fideicommissaria concilia-se agora perfeitamente com a Not. 50 ao Art. 1077 infra, de onde consta, que a substituição fideimnissaria (sem a compendiosa) só pôde sêr feita em codicillo; de modo que dar a definição real de substituição é definir a substituição fideicommissaria, em que se recolhe toda a realidade pela reducção do nú-proprietario à fideicommissario.

---

[39] O fideicomisso é muito bem explicado nas Ordenações: "O Fideicommisso divide-se em universal, particular e electivo. O primeiro verifica-se quando o primeiro herdeiro he gravado em vida ou depois da morte instituir a herança ao Fideicommissario. O segundo ou particular dá-se quando o primeiro herdeiro he rogado restituir alguma parte, ou cousa da herança á 3ª pessoa (Pinheiro – Do Testam. dispo. 4 sec. 8 n. 16), e como quando o Testador, fasendo alguum legado, grava o Legatario, que por sua morte passa á outra pessoa o legado. Esta regra, como diz Almeida e Souza he a principal para distinguir o Fideicommisso universal, do particular. Ha também Fideicommissos electivos; como o Testador diz que o herdeiro, que institue, poderá em sua vida, ou por sua morte eleger pessoa, que bem lhe parecerem da família do Testador. Esta espécie he muito usada na Inglaterra, e suas colônias. Para se instituir Fideicomisso universal ou particular não há formula alguma de palavra, bastão quaesquer demonstrando a vontade do Testador, com tanto que sejao positivas, urgentes, e dedusidas do intrínseco contesto do Testamento. (...) O herdeiro ou pessoa que recebe os bens com o encargo de os transmittir, ou por sua morte, ou em outro caso determinado, chama-se Fiduciario ou gravado. O que tem de receber os bens chama-se Fideicommissário, ou substituto" (Ord. L 4º T 87 § 7º, op. cit., p. 87).

PANORAMA HISTÓRICO-JURÍDICO DO
REGIME SUCESSÓRIO DO CONCEPTURO

Na nota por ele aludida, a partir do amplo conceito de codicilo das Ordenações do Reino de Portugal[40], constrói a concepção de codicilo que consta do artigo 1077 da Consolidação[41], ainda que não exatamente idêntica àquele[42]. Em síntese, o conceito de "«Testamento (Gouv. Pint. Testam. Cap. 28 Not.) era o *Codex* grande, e Codicillo era como uma diminuição de *Codex* — um pequenino testamento, etc.»" (FREITAS, 2003, p. 619).

Em arremate ao raciocínio, e diante do fato de que a redação das Ordenações não previa a instituição direta em se tratando de codicilo[43], reconhece que esta deveria se dar de forma indireta/oblíqua. E, como a substituição fideicomissária seria justamente a forma indireta de substituição – já que se deixa patrimônio a alguém, por meio de interposta pessoa –, realiza sua associação ao codicilo. Ou seja, seus apontamentos caminham no sentido de que, caso o sucedendo quisesse instituir substituição fideicomissária,

---

[40] Ord. L. 4º T. 86. Codicillo he huma disposição de ultima vontade sem instituição de herdeiro. E por isso se chama codicillo, ou cédula, per diminuição, que quer dizer pequeno testamento, quando uma pessoa dispõe de alguma cousa, que se faça depois de sua morte, sem tratar nelle de diretamente instituir, ou desherdar algum, como se faz nos testamentos (BRASIL, 1870, p. 86).

[41] Art. 1077. Também se pode fazer disposição de ultima vontade por meio de codicilos, sem instituir herdeiro, ou desherdal-o, como aliás se-faz nos testamentos (FREITAS, 2003, p. 634). Os artigos seguintes da Consolidação também tratam dos codicilos.

[42] Segundo FREITAS (2003, p. 604), "a definição de — codicillo — na Ord. L. 4º T. 86 princ. (Art. 1077 infra) nao obriga á entender, que a instituição de herdeiro é solemnidade intrínseca áo — testamento —".

[43] Sobre o tema, ver: Ord. L. 4º T. 86, op. cit., p. 86.

deveria fazê-lo por meio de codicilo, instrumento apto a viabilizar instituições indiretas. Veja-se seu raciocínio: A citada Ord. L. 4° T. 86 princ. define o — Codicilo — uma disposição de ultima vontade sem instituição de herdeiro, e nao reproduzi esta definição por dois motivos; I. ° para não manter o preconceito de sêr a instituição de herdeiro uma solennidade intrínseca ao — Testamento (Vid. Not. ao Àrt. 1008 supra), 2.° porque esta mesma Ord. prosegue dizendo: « E por isso se chama Codicilo, ou cédula por diminuição, que quer dizer pequeno testamento (Vid. Not. ao Art. 1049 supra), quando uma pessoa dispõe de alguma cousa, que se faça depois de sua morte, (attençao I) sem tratar nelle de DIREITAMENTE INSTITUIR, ou desherdar á alguém, como se-faz nos testamentos».

Destas palavras — DIREITAMENTE INSTITUIR — conclúe-se podêr-se em codicillo mandar restituir a herança fideicommissa, como bem diz Gouv. Pint. Testam. cap. 28 in fin. Not., referindo-se á Ord. L. 4.° T. 87 § 10, deduzida da L. 2ª Cod. de Codicil. A substituição fideicommisaria é substituição indirecta, — contém uma instituição indirecta (obliquo modo), e pelo advérbio — DIREITAMENTE — das palavras á cima transcriptas o legislador só probibio no Codidllo a instituição directa. Vid. Not. ao Art. 1052 supra.

Nao argumento com a — clausula codicillar — para reduzir o testamento á codicillo. Sao actos diversos, cada um para seu effeito próprio. A clausula codicillar refere-se unicamente á forma, — às sòlemnidades externas (FREITAS, 2003, p. 634).

Assim, sob a ótica da Consolidação, parece possível afirmar a viabilidade de instituição do concepturo como herdeiro ou legatário do patrimônio designado pelo sucedendo, desde que tal destinação ocorresse por meio de substituição fideicomissária, o que seria materializado através da utilização do codicilo.

Poder-se-ia perguntar, entretanto, em que tempo deveria ser analisada a capacidade para herdar, isto é, a capacidade passiva do sucessor. Com efeito, FREITAS (2003, p. 594) confere resposta à indagação ao afirmar que, em se tratando de instituição condicional (como ocorre no fideicomisso), deve ser apurada no dia do cumprimento da condição:

> Quanto ao tempo da capacidade tetamentaria passiva (facção de testamento passiva), siga-se a verdadeira opinião de Gouv. Pint. Testam. Cap. 7º; e não a falsa de Mell. Freire, que discretamente rejeitou o mesmo Gouv. Pint. Em tal capacidade, na instituição pura (sem condição) requer-se em dois tempos, - 1.º no dia da facção do testamento, - 2. º no momento da morte do testador; e, na instituição condicional, requer-se no dia do cumprimento da condição.

Sobre tal condição, ainda, deve-se ter em mente que:

> A condição suspensiva, até que se cumpra, impede direito adquirivel, só dá ao credor a esperança – *spes debitum iri* —, transmissível *causa mortis* para o nú- -proprietario no usufruto; e uma esperança *theologal — spes dominium ire —*, intransmissível *causa*

mortis para o fideicommissario ná substituição fideicommissaria (FREITAS, 2003, p. 299-300)[44].

De todo modo, enquanto não falecesse o fiduciário ou não fosse realizada a condição determinada pelo sucedendo, teria o fideicomissário (concepturo), então, mera expectativa de direitos, já que o "Direito do herdeiro fideicommissario antes de realisada a condição [é]: Direito de qualquer fideicommissario (herdeiro, legatario, ou donatário), porque antes do fallecimento do fiduciario só tem — *expectatio* —, póde nao sobreviver-lhe" (FREITAS, 2003, p. 121).

Em conclusão, cumpre mencionar que seria

> (...) indifferente, que o fideicommisso seja deixado com palavras rogativas, ou precativas, pois é um legado deixado directamente á um beneficiado, que chama-se — fiduciário —; e indirectamente, depois de vencido um prazo, ou depois de cumprida uma condição, á outro beneficiado, que chama-se — fídeicommissario —. O fideicommissario nao é substituto do fiduciario, senão quando succede pelo cumprimento da condição — *quum morielur* — (FREITAS, 2003, p. 650).

---

[44] Segundo FREITAS (2003, p. 250), apesar das semelhanças, o fideicomisso e o usufruto seriam figuras diversas: "Estes dois casos nao divergem senão pela differença ideal de propriedade quebrada no usufructo, e propriedade inteira no fideicommisso á depender da sobrevivência do fideicomimssario; mas, antes do evento desta condição, e depois delle afirmativamente, sao idênticas as posições dos respectivos titulares". As Ordenações Filipinas do Reino de Portugal, contudo, entendiam pela semelhança, aspecto criticado por FREITAS, que julgava existir uma confusão sobre o assunto. Sobre o tema, ver: FREITAS, op. cit., p. 47, 48, 77, 121, 162, 250, 386 e 621; e Ord. L 4° T 87 § 7°, op. cit., p. 87.

2.4.2. O Esboço de Código Civil

Pouco após a entrega da Consolidação das Leis Civis, em 1857, aprovada com louvor pelo imperador D. Pedro II, como visto outrora, Teixeira de Freitas foi designado pelo ministro Nabuco de Araújo para a elaboração de um código civil para o império[45], o que se deu através do Decreto n° 2.337, de 11 de janeiro de 2019, *in verbis*:

> Approva o contracto celebrado com o Bacharel Augusto Teixeira de Freitas para a reducção do projecto do Codigo Civil do Imperio.
>
> Hei por bem Approvar o contracto celebrado com o Bacharel Augusto Teixeira de Freitas em dez do corrente mez, para a redacção do Projecto do Codigo Civil do Imperio, na conformidade do Decreto numero dous mil tresentos e dezoito de vinte dous de Dezembro proximo preterito.
>
> José Thomaz Nabuco de Araujo, do Meu Conselho, Ministro e Secretario d'Estado dos Negocios da Justiça, assim o tenha entendido e faça executar.
>
> Palacio do Rio de Janeiro, em onze de Janeiro de mil oitocentos cincoenta e nove, trigesimo oitavo da Independencia e do Imperio.
>
> Com a Rubrica de Sua Magestade o Imperador.
>
> José Thomaz Nabuco de Araujo.

---

[45] "O plano da Consolidação foi, grosso modo, mantido, com algumas alterações, no Esbôço de Teixeira de Freitas, assim como nos dois Códigos Civis brasileiros de 1916 e 2002. No Esbôço foi, todavia, ampliada a parte geral para incluir os fatos jurídicos e, na parte especial, desmembraram-se o direito de família e o das sucessões para considerá-los como livros independentes" (WALD, 2004, p. 251).

Aos dez dias do mez de Janeiro de mil oitocentos e cincoenta e nove, perante o Exm. Ministro e Secretario d'Estado dos Negocios da Justiça, Conselheiro José Thomaz Nabuco de Araujo, compareceu o Bacharel Augusto Teixeira de Freitas, e por elle foi dito que pelo presente contracto se obriga a redigir o projecto do Codigo Civil do Imperio, sob as seguintes condições:

1ª O Systema do Projecto do Codigo civil, será o mesmo da Consolidação das Leis Civis, que foi approvado pelo Governo Imperial, com a modificação indicada na introdução da referida obra, pagina cento e seis.

2ª Serão excluidas do Projecto todas as disposições relativas ao estado de escrvidão, das quaes apresentará hum projecto de Lei especial.

3ª Todo este trabalho deverá ficar concluido dentro de tres annos contados do 1º de Janeiro do corrente anno, e durante estes tres annos perceberá o Autor a quantia de hum conto e duzentos mil réis mensaes.

4ª Prompto o trabalho, e apresentado em manuscripto na Secretaria d'Estado dos Negocios da Justiça, perceberá mais o Autor, a titulo de prêmio, a quantia que for Decretada pelo Poder Legislativo.

5ª Se o trabalho ficar concluido antes do marcado praso de tres annos, o Autor continuará a preceber a contractada mensalidade, até completal-a, e terá logo direito ao prêmio que for decretado na forma do Artigo 4º.

6ª Obriga-se o Autor a presidir a impressão dos trabalhos que logo será feita a custa do governo, corrigindo as provas typographicas e prestando-se a tudo que fôr necessario.

7ª Obriga-se outro-sim o Autor a dar todos os esclarecimentos precisos a Commissão de que trata o Decreto numero dous mil tresentos e dezoito de vinte e dous de dezembro de mil oitocentos cincoenta e oito.

8ª Obriga-se o governo Imperial a comprar ao autor mil exemplares do Commentario explicativo, que o Autor intenta apresentar e fazer imprimir a sua custa, depois que o prejecto do Codigo Civil for approvado e tiver força de Lei. O preço de cada exemplar do dito Commentario será mesmo pelo qual for exposto á venda publica.

9ª Se o Autor não levar a effeito o trabalho de que se incumbe ou por fallecimento ou por qualquer impedimento que o inhabilite, passará o trabalho no estado em que estiver a ser propriedade do Governo, independente de qualquer indemnisação.

Se o impedimento for temporario, poderá ser prorogado o praso do art. 3° a juizo do governo.

10° Findos os tres annos, se o Autor não der prompto o trabalho, o Governo lhe manterá praso para dentro delle aprezental-o, e se ainda no fim deste não estiver concluido, ou não for entregue o projecto do Codigo Civil e da Lei sobre a escravidão, será obrigado a restituir todas as gratificações que houver recebido.

E pelo Exm. Conselheiro José Thomaz Nabuco Araujo, Ministro e Secretario d'Estado da Justiça, foi dito que acceita o presente comtracto com as condicções nelle inserida, obragando-se elle por parte do Governo Imperial, e o Bacharel Augusto Teixeira de Freitas, por sua pessoa e bens, ao fiel cumprimento do mesmo contracto, e assignarão ambos. E eu Josino do NAscimento Silva, Official Maior da Secretaria d'Estado dos Negocios da Justiça, o escrevi - José Thomaz Nabuco de Araujo - Augusto Teixeira de Freitas.

Addendo. O numero de exemplares do Commentario explicativo de que trata a condição oitava, e que o governo se obriga a comprar ao Autor, fica elevado a mil e quinhentos.

Secretaria d'Estado dos Negocios da Justiça, 13 de Janeiro de 1859 - José Thomaz Nabuco de Araujo- Augusto Teixeira de Freitas (BRASIL, 1859).

Após aceitar a indicação, Freitas decidiu, pois, publicar o projeto em partes, com intuito de submetê-lo gradualmente às críticas dos juristas especializados e receber contributos da sociedade civil, para que pudesse aprimorá-lo cada vez mais, conforme narra:

Em um Código Civil há matéria vastíssima, assuntos variados, ao quilate de tôdas as inteligências, e todos portanto podem auxiliar-me na feliz execução desta emprêsa patriótica; com a dicussão dos princpios os que forem mais versados, e os outros com êsses reparos e advertência mínimos que não são para desprezar. O essencial é que cada um o faça em boa-fém que não procure exceder-se, que não se esforce em vão por parecer o que não fôr.

De tudo careço, a crítica deve ser severa, ou em artigos ou em artigos de fôlhas diárias, ou em memórias, ou em correspondência epistolar; e pôsto que não me seja possível avaliar desde logo os esclarecimentos que espero, terei o cuidado de formar um precioso arquivo; e, concluída a emprêsa, responderei então às censuras que não me parecerem razoáveis (FREITAS, 1952, p. 3-4).

Ocorre que, logo na introdução à primeira parte do projeto, publicada em 1860, considerou extremamente exíguo o prazo de 3 anos para a finalização do empreendimento: "Mas o tempo é veloz, e eu receio de sua escassez para o pontual desempenho de uma tarefa, que deve estar terminada em dezembro do ano próximo futuro" (FREITAS, 1952, p. 3), o que, por fim, fez com que o prazo fosse prorrogado até junho de 1864.

De toda sorte, a primeira publicação, que contava com os 316 artigos iniciais, tratava da parte geral e também das pessoas; na segunda, publicada no mesmo ano, encontravam-se os artigos 317 a 866, em que se abordou o restante da parte geral, ou seja, as coisas e os fatos; na terceira, publicada em 1861, constavam os artigos 867 a 1236, que versavam sobre os direitos pessoais em geral; na quarta parte, publicada também no ano de 1861, incluíam-se os artigos 1237 a 1829, que diziam respeito aos direitos pessoais nas relações familiares; por outro lado, a quinta parte, publicada no ano de 1864, contava com os artigos 1830 a 3042, os quais tratavam, em geral, dos direitos pessoais nas relações civis; a sexta parte, com efeito, foi publicada no ano seguinte, em

1865, contendo os artigos 3043 a 3702, que abordavam também os direitos pessoais nas relações civis; por fim, a sétima parte, de igual sorte publicada em 1865, continha os artigos 3703 a 4908, e dispunha sobre os direitos reais (FREITAS, 1952, p. 10-11).

Ao final de 1865, 4908 artigos haviam sido apresentados pelo jurista baiano ao governo, que no mesmo ano instituiu uma comissão revisora, com o fito de debater todos os pontos do projeto, ainda que não terminado. Ocorre que, dada a extensão e complexidade do trabalho, a comissão não analisou mais do que quinze artigos, fato que causou imensa desilusão em Freitas.

Desgostoso pela demora dos trabalhos da comissão e pelo desprezo silencioso que sua obra vinha recebendo nos meios especializados, Freitas suspendeu a execução do contrato que, logo em seguida, foi considerado resolvido pelo jurista e escritor José de Alencar, então ministro da Justiça (ROBERTO, 2008, p. 54).

Decisão ministerial que foi influenciada também pelo desejo de Freitas em unificar o Direito Privado, isto é, aglutinar o Direito Civil e o Direito Empresarial em uma única codificação, o que não foi bem recebido pelo Governo[46].

---

[46] "O que o governo imperial desejava, no entanto, era um código civil de linhas simples, objetivo e autônomo, para aplicação imediata, ao passo que o genial autor do "Esboço" pretendia, com essa nova proposta de trabalho, ir mais longe, ou seja, a unificação do direito privado (...)" (LEVÁY, 2014, p. 4).

Dessa forma, o projeto nunca foi finalizado, apesar de - conforme noticiado em carta pelo jurista baiano - 108 artigos estarem no prelo e mais 200 em manuscrito, ou seja, prestes a serem publicados, "(...) de que não se sabe o destino" (FREITAS, 1952, p. 12). Com efeito, "faltaram uma parte final dos direitos reais e o regime dos direitos das sucessões, tendo deixado de ser impressas mais algumas centenas de artigos (...) (WALD, 2004, p. 251), inclusive sobre prescrição e concurso de credores.

Não obstante, o Esboço é considerado uma das maiores façanhas jurídicas nacionais de todos os tempos, uma contribuição que proporcionou um novo paradigma para o Direito Civil, não só pela sua originalidade e rigorosidade, mas também por "(...) rompe[r] com a adesão irrestrita ao Código francês para discutir, na América Latina, as idéias do pensamento jurídico alemão, o mais moderno da época, e dar relevância às tradições locais" (WALD, 2004, p. 252).

Sem embargo, diante da incompletude da obra no que toca aos direitos sucessórios, não é possível saber, por exemplo, aspectos sobre a capacidade sucessória, seja ela ativa ou mesmo passiva, sobre vocação, bem como sobre as demais questões envolvendo a sucessão testamentária ou legítima. Em sendo assim, é impossível deduzir qualquer sentença a respeito da possibilidade de instituição do concepturo, por meio de disposição pura ou direta, como herdeiro ou legatário.

Todavia, mesmo diante da ausência do capítulo específico sobre sucessões e o fideicomisso, se é que ele existiria, algumas disposições (exparsas) permitem concluir que a substituição fideicomissária poderia ser estipulada em benefício o concepturo, como é o caso dos artigos 2131 e 2146, que tratam de doação com substituição, *in verbis*:

> Art. 2131. A doação pode ser *pura, condicional, a prazo, com encargos e com substituição.*
>
> Pode ser condicional sob condição suspensiva, ou resolutiva.
>
> Pode ser condicional, ou como doação *mortis causa*, ou como doação revogável ou como doação revogável ou como constituilçao de renda perpétua.
>
> Pode ser a prazo suspensivo, ou resolutivo; e como constituição de renda temporária, vitalícia ou não vitalícia.
>
> Pode ser feita com *substituição* direta ou *substituição fideicomissária.*
>
> Art. 2146. Doação com substituição fideicomissária é a que se faz com o encargo de restituir o donatário a um terceiro os bens doados, cumprida que seja uma condição, ou depois de vencimento de um prazo (FREITAS, 1952, p. 705-708).

De forma sistemática, e dando integridade ao texto, o artigo 3850 traça as obrigações próprias à posse de imóveis, dentre as quais cita o encargo daquele que possui domínio fiduciário, segundo se depreende:

> Art. 3850. *Obrigações inerentes à posse de imóveis* serão unicamente:
>
> 1º - Sua restituição a quem tiver direito de reinvindicá-lo.

2º - Sua restituição quando o possuidor só tiver domínio resolúvel.

3º - O encargo de sua restituição, quando o possuidor só tiver *domínio fiduciário* (FREITAS, 1952, p. 1125).

Por fim, há a explicação quanto ao domínio fiduciário e suas particularidades nos artigos 4314, 4315 e 4300, que dispõem, respectivamente:

Art. 4314. Domínio fiduciário (arts. 3850, n° 3, e 4300) ou fideicomisso singular (arts. 2131 e 2146) é o subordinado a durar somente até o cumprimento de uma condição resolutiva (arts. 567 e 574), ou até o vencimento de um prazo resolutivo (art. 635), mas para o efeito da restituição da coisa a um terceiro.

Art. 4315. A aquisição do domínio fiduciário, e sua extinção, com todos os seus efeitos, serão julgadas pelas disposições já indicadas no art. 2147, sem diferença ser constituído o fideicomisso por ato entre vivos ou por disposições de última vontade.

Art. 4300. Domínio imperfeito (arts. 4071 e 4073) é o direito real resolúvel ou fiduciário, de uma só pessoa sobre uma coisa própria (art. 3704, n° 1), móvel ou imóvel (arts. 387 a 410); ou o reservado pelo dono perfeito de uma coisa, que aliena somente seu domínio útil (art. 4272, n° 7) (FREITAS, 1952, p. 1232-1236).

Na estrutura proposta por Freitas, o fiduciário (donatário), a quem cabe o domínio fiduciário, recebe, pois, os bens de modo primevo, possuindo a obrigação (inerente à posse) de proceder a sua transmissão para o fideicomissário (terceiro), destinatário final, quando da realização de uma condição ou depois do vencimento de um determinado prazo.

À vista disso, é possível concluir pela previsibilidade quanto à forma de contemplação do concepturo por fideicomisso (o qual receberá o conjunto patrimonial como fideicomissário, destinatário final), ainda que em contornos primitivos ou não definitivos, sem completude.

2.5 O Código Civil de 1916 e o Concepturo

Após quatro projetos de Códigos Civis frustrados, quais sejam o de Teixeira de Freitas, Nabuco de Araújo, Felício dos Santos e dois elaborados por Coelho Rodrigues, um no Império e outro na República, em 1898 Clóvis Bevilaqua, professor de Legislação Comparada na Faculdade de Recife, é indicado por Epitácio Pessoa, então Ministro da Justiça e Negócios Interiores, para elaborar um novo projeto (ROBERTO, 2008, p. 56).

A indicação, todavia, não foi bem recebida pela comunidade jurídica da época, que acreditava que o país possuía nomes mais experientes para a tarefa. Rui Barbosa, inclusive, chegou a afirmar a escolha de Bevilaqua "fora um rasgo no coração, não da cabeça", de sorte que em seu sentir a codificação nasceria de forma "tosca, indigesta, aleijada" (ROBERTO, 2008, p. 56).

Apesar das oposições, a elaboração do projeto se deu de forma célere: foi iniciada e finalizada logo em 1899, durando cerca de sete meses. Após, o projeto foi remetido para entidades e juristas especializados, passando por duas comissões revisoras, que muito modificaram seu texto, com intuito de que fosse "preparado" para a apresentação a ser realizada diante do Congresso, o que ocorreu no ano de 1900.

Posteriormente à realização de intensos debates e discussões, que contaram com a presença de pareceres dos grandes juristas da época, tais como o Barão de Loreto, Amaro Cavalcanti, Fabio Leal, Solidonio Leite, Sergio Loreto, Villela dos Santos, Coelho Rodrigues, Nina Rodrigues, Oliveira Coelho e Adherbal de Carvalho, bem como do Supremo Tribunal Federal, de vários tribunais estaduais, como do Estado do Maranhão e do Rio Grande do Norte, das faculdades de direito, tal como a Faculdade Livre de Direito do Estado de Minas Gerais, e também da própria população e de entidades nacionais (BRASIL, 1902, passim), o projeto foi aprovado na Câmara em 1902, sendo logo em seguida remetido ao Senado, local em que ficou adormecido por longos anos, só sendo aprovado, finalmente, em 1916.

Em relação ao concepturo, em se tratando da possibilidade de disposição testamentária pura ou direta em seu benefício, ela sempre esteve presente ao longo do percurso legislativo por qual passou o código.

No projeto primitivo, estava inserida no Capítulo X, "Da Capacidade para Adquirir por Testamento", do Título III, "Da Successão Testamentaria", mais especificamente na segunda parte do artigo 1881, *in verbis*:

Art. 1881. Podem ser nomeados herdeiros ou legatarios as pessoas já concebidas ao tempo da morte do testador.

Podem também sel-o os filhos ainda não concebidos de certas e determinadas pessoas existentes ao tempo da abertura da sucessão (BRASIL, 1902, p. 153).

No projeto revisto pela comissão nomeada e presidida pelo Ministro da Justiça e Negócios Interiores, Epitácio Pessoa, a qual também era composta por Olegario Herculano de Aquino e Castro, Amphilophio Botelho Freire de Carvalho, Joaquim da Costa Barradas, Francisco de Paula Lacerda de Almeida e João Evangelista Sayão de Bulhões Carvalho, lado outro, passou a constar do Capítulo XI, "Da Capacidade para Adquirir por Testamento", do Título III, "Da Sucessão Testamentária", em seu artigo 2.082, *in verbis*:

Art. 2082. São incapazes absolutamente: os não concebidos ao tempo da morte do testador, excepto os filhos de certas e determinadas pessôas que existam ao tempo da abertura da sucessão (BRASIL, 1902, p. 286).

Após alguns ajustes, foi aprovada e sancionada, finalmente, no Capítulo XI, "Da Capacidade para Adquirir por Testamento", do Título III, "Da Sucessão Testamentária", com a seguinte redação:

Art. 1.718. São absolutamente incapazes de adquirir por testamento os indivíduos não concebidos até a morte do testador, salvo se a disposição deste se referir á prole eventual de pessoas por ele designadas e existentes ao abrir-se a sucessão (BRASIL, 1916).

PANORAMA HISTÓRICO-JURÍDICO DO
REGIME SUCESSÓRIO DO CONCEPTURO

Por outro lado, em relação à possibilidade de disposição em favor do concepturo por meio de substituição fideicomissária, é possível inferir que ela também sempre esteve presente ao longo do percurso legislativo por qual passou o código. No projeto primitivo, estava inserida no Capítulo XIII, "Das Substituições", do Título III, "Da Successão Testamentaria", mais especificamente no artigo 1898, *in verbis*:

> Art. 1798. E' licito egualmente instituir o herdeiro ou legatário fideicommissariamente, impondo-lhe a obrigação de transmittir a herança ou legado, por sua morte, ou em outro tempo determinado, ao seu substituto (BRASIL, 1902, p. 154).

No projeto revisto, passou a constar do Capítulo XIV, "Das Substituições", do Título III, "Da Sucessão Testamentária", mais especificamente no artigo 2.097, *in verbis*:

> Art. 2097. Póde também o testador instituir herdeiros ou legatários por meio de fideicommisso, impondo a um, que é o gravado ou fiduciário, a obrigação de transmitir a outro, que é o fideicommissario, a herança, o legado ou o que restar delles, por sua morte ou em outro tempo e ainda sob certa condição (BRASIL, 1902, p. 287).

Noutro giro, após alguns pequenos retoques e inversões de orações, foi aprovada e sancionada, definitivamente, no Capítulo XIV, "Das Substituições", do Título III, "Da Sucessão Testamentária", com a seguinte redação:

Art. 1.733. Pode também o testador instituir herdeiros ou legatários por meio de fideicomisso, impondo a um deles, o gravado ou fiduciário, a obrigação de, por sua morte, a certo tempo, ou sob certa condição, transmitir ao outro, que se qualifica de fideicomissário, a herança, ou o legado (BRAISL, 1916).

O concepturo, pois, representava nada mais do que uma excepcionalidade ao princípio da existência, sustentáculo da capacidade sucessória passiva no código, independentemente de sua forma de instituição.

Todavia, para ALVES (1917, p. 1209-1210) a disposição pura ou direta, na prática, era totalmente desnecessária, haja vista a permissibilidade da instituição de fideicomisso com a mesma finalidade, ou seja, em seu sentir, inexistia qualquer justificativa razoável para uma dupla forma de benefício do concepturo.

Com efeito, não foram poucos os que quiseram suprimir, quando da elaboração do Código Civil de 1916, a substituição fideicomissária, conforme aponta MEIRA (1929, p. 33).

Seja como for, apesar das críticas doutrinárias, que recaíram tanto sobre a disposição pura ou direta quanto sobre o fideicomisso, tais disposições permaneceram em vigência por todo o século XX e início do século XXI, até a entrada em vigor do Código Civil de 2002, que promoveu algumas pequenas alterações no instituto, mantendo boa parte da roupagem jurídica erigida anteriormente.

3
O FENÔMENO JURÍDICO DA SUCESSÃO NO CÓDIGO CIVIL DE 2002 E O CONCEPTURO

3.1. Tramitação: Panorama Geral

Processos históricos complexos, evoluções, involuções e o paulatino desenvolvimento do país, tanto no campo social, quanto econômico, político, cultural e até mesmo jurídico, fizeram do século XX um dos mais movimentados e complexos da história nacional.

O Código Civil de 1916, inspirado em uma noção patriarcal, patrimonialista e individualista, até então prevalecente no século XIX, não conseguiu acompanhar todas essas transformações e dinâmicas dentro do seio social, descolando-se da realidade por qual trilhava o país. Diante de tal panorama, não foram raras as oportunidades em que se apontou a necessidade de elaboração de uma nova codificação.

74

Após dois projetos frustrados[1], em 1969 Miguel Reale foi convidado para a elaboração de um novo projeto de código civil, ficando encarregado da coordenação dos trabalhos e da escolha dos juristas que comporiam a comissão de elaboração (ROBERTO, 2008, p. 66).

A comissão, que contou com nomes como o de Clóvis do Couto e Silva, José Carlos Moreira Alves, Sylvio Marcondes, Ebert Vianna Chamoun, Agostinho de Arruda Alvim e Torquato Castro, realizou, inicialmente, a publicação do anteprojeto em 1972, mas, após inúmeras críticas doutrinárias, foi necessária uma série de emendas, o que ensejou uma nova publicação do anteprojeto, já em 1973 (ROBERTO, 2008, p. 69-70).

Ocorre que,

> Depois da Constituição de 1988 [que instaurou um novo panorama para o Direito Civil], o projeto de código civil saiu do centro dos debates sobre renovação do ordenamento privado até cair em completo esquecimento.
>
> Dormiu por muitos anos nos gabinetes do Congresso Nacional. Abruptamente despertado, o projeto foi aprovado no Senado e novamente na Câmara em 2001. Nessa última fase, inumeráveis emendas

---

[1] Na década de 1940, Orosimbo Nonato, Filadelfo Azevedo e Hahnemann Guimarães foram convidados para a elaboração de um projeto de código civil, empreitada que restou frustrada, talvez pelo seu caráter inovador no campo das obrigações, o que não foi bem recebido pelo Legislativo. Após, na década de 1960 Orlando Gomes e Caio Mário da Silva Pereira foram encarregados da elaboração de um novo projeto, que, por fim, também não foi aprovado.

foram efetuadas com o objetivo de adequá-lo à nova realidade constitucional, dando-lhe, ao final, a feição de uma colcha de retalhos (ROBERTO, 2008, p. 70).

Assim, o projeto foi sancionado pelo então presidente, Fernando Henrique Cardoso, em janeiro de 2002, entrando em vigor no mesmo mês do ano de 2003.

3.2. Regime Sucessório e Sucessão Testamentária

A expressão sucessão advém do latim *successio*, de *succedere* (suceder), e em sentindo *lato* significa uma relação de continuidade, uma sequência de acontecimentos ou coisas, quer dizer, trata-se daquilo que substitui, que se coloca no lugar de coisa outra – em certa ordem ou em certo tempo (SILVA, 2016, p. 1346). Em acepção jurídica, suceder alguém significa tomar o lugar dessa pessoa, substituí-la, no todo ou em parte, em relação aos direitos que lhe pertencem (LACERDA, 1917, p. 3), isto é, ocorre a transmissão de uma situação jurídica de um sujeito para outro (QUINTELLA; DONIZETTI, 2011, p. 1101), uma transferência sequencial de bens e direitos[2].

---

[2] Nas palavras de BEVILAQUA (1899, p. 12), pois, o direito hereditário é o complexo normativo segundo o qual ocorre a transferência do patrimônio de certa pessoa, que deixa de existir, imediatamente para outrem, que passa ser o seu sucessor.

A sucessão corriqueiramente é dividida em duas categorias, *inter vivos* ou *causa mortis*. Esta, denominada sucessão hereditária, ocorre quando determinada pessoa falece e o patrimônio por ela deixado é transferido para alguém, entendendo-se por patrimônio o agrupamento de direitos e obrigações do sujeito, uma universalidade de direitos, "o complexo das relações juridicas de uma pessoa, que tiverem valor econômico. Nele se compreendem os direitos privados econômicamente apreciáveis (elementos ativos) e as dívidas (elementos passivos)" (BEVILAQUA, 1956, p. 231).

A importância da sucessão *causa mortis* é tamanha que se criou um ramo específico do Direito Civil para estudá-la, de modo que o vocábulo *sucessão*, no Direito, passou a ser então utilizado cotidianamente de maneira específica, mais restrita, referindo-se apenas à transmissão do patrimônio após a morte. Logo, de um ponto de vista *stricto*, "quando se fala, na ciência jurídica, em direito das sucessões, está-se tratando de um campo específico de direito civil: a transmissão de bens, direitos e obrigações em razão da morte" (VENOSA, 2012, p. 1).

Historicamente, o direito sucessório decorre e está vinculado à continuidade das relações e cultos familiares (MAXIMILIANO, 1937, p. 40), que desde os tempos longínquos relacionam-se com a ideia de propriedade (VENOSA, 2012, p. 5), tratando-se de um natural reconhecimento da propriedade privada (RODRIGUES, 2007, p. 121).

Segundo PEREIRA (2009, p. 4),

Com o caráter *familiae* da propriedade, desenvolveu-se a ideia de continuação (sucessão) do novo chefe do grupo nos bens que se achavam sob a direção do chefe pré-morto. A ideia de sucessão somente veio a ganhar corpo com a propriedade individual. E é necessariamente correlata dos conceitos de família e de culto, presentes e unidos na Cidade Antiga. A concepção religiosa exigia que tivesse o defunto um continuador de seu culto, que lhe fizesse os sacrifícios propiciatórios, e lhe oferecesse o banquete fúnebre.

Antes, pois, de ser econômico, o fundamento da sucessão por causa de morte foi religioso: os bens transmitiam-se do defunto ao herdeiro como instrumento propiciatório aos deuses domésticos, e bem assim como meio de continuar na descendência a religião dos antepassados. A unidade da família e a autoridade do seu chefe concorrem, de um lado, na transmissão de pleno direito e, de outro, na criação do testamento. Depois, desenvolveu-se no outro sentido, ligado à continuação da vida que sugere a continuidade patrimonial.

Sem embargo, o direito sucessório nasce e se fixa na sociedade como um mecanismo natural de ligação entre as gerações, entre as pessoas e o meio familiar, sendo tal cadeia de união entre as gerações a constituinte do nexo sucessório civil, já que a continuidade na vida implica a continuidade no exercício e administração dos bens necessários ao desenvolvimento dos indivíduos (MAXIMILIANO, 1937, p. 32).

Com a evolução da sociedade, a sucessão, que primitivamente calcava-se na perpetuidade do culto e da propriedade da família, se desenvolve, pois, para se fundamentar apenas na propriedade (MONTEIRO, 1988, p. 6).

O direito sucessório, então, desponta para se tornar um direito no qual a (i) vontade do sucedendo ou (ii) a lei empossam o(s) sucessor(es) designado(s)para assumir a titularidade patrimonial a ser transmitida. Denomina-se sucessão legítima aquela que se dá em virtude da lei, isto é, do comando normativo, ocorrendo a escolha do sucessor pela própria legislação por meio da denominada ordem de vocação hereditária. Já a sucessão testamentária, noutro giro, ocorre por disposição de última vontade do sucedendo, partindo do seu querer individual, que é instrumentalizada por meio de documento solene, denominado *testamento*[3].

Via de regra, a sucessão legítima se dá quando o sucedendo não traçou a destinação de seus bens e de seu patrimônio após seu falecimento, seja no todo ou em parte (GAMA, 2003, p. 28). Por outro lado, "testamentaria é a sucessão, quando nasce da disposição solemne da ultima vontade do defunto, manifestada em testamento" (LACERDA, 1917, p. 3), quer dizer, a sucessão testamentária, ponto que mais interessa ao presente estudo, é na realidade um ato próprio, individual e baseado na autonomia da vontade da

---

[3] Para FREITAS (1881, p. 2), "testamento (decomposição Portuguêza) é nome, que ao imperativo de suas duas primeiras syllabas reúne o substantivo das duas ultimas, mandando fazer – texto (ou têsto) – do que faz lembrar; isto é, do *Alphabeto*, tesouro da Memoria".

pessoa, que por alguma motivação subjetiva deixa seu patrimônio para aquele(s) que considera adequado(s) para recebê-lo(s), direito que surgiu e evoluiu consideravelmente "(...) com o progresso do individualismo, à medida que a pessoa se afirmava em face da família e do grupo étnico (MAXIMILIANO, 1937, p. 40)".

Atualmente, a distinção entre ambos os tipos de sucessão é importante não apenas para que se saiba o título da vocação, mas também em função de seus efeitos, eis que na sucessão legítima só é possível a existência de herdeiro, ao passo que na sucessão testamentária é possível, por exemplo, a instituição de herdeiro ou legatário (GAMA, 2003, p. 28).

Não é despiciendo lembrar também que ambas podem conviver mutuamente, ou seja, uma não é necessariamente repelida pela presença da outra (o que nem sempre se deu dessa maneira ao longo da história). Apenas a título explicativo, no Código Civil de 2002, os sucessores necessários, quais sejam os ascendentes, descendentes e o cônjuge, possuem direito a, no mínimo, 50% do patrimônio do sucedendo. Assim, caso haja sucessores necessários, o sucedendo apenas poderá testar/dispor dos outros 50% de seu patrimônio - já que aqueles 50% estarão reservados para a sucessão legítima por um imperativo legal.

Sem embargo, a sucessão pode se dar a título universal, quando é transmitido um conjunto de bens não individualizados, sendo chamada como *massa de bens/patrimônio* da herança, hipótese em que o sucessor é denominado como *herdeiro*; e a título singular, quando ocorre apenas a transferência de um bem singular, ou de bens singulares, hipótese em que o bem a ser transmitido é denominado como *legado*, chamando-se o sucessor de *legatário*.

A herança, no entanto, corresponde a um bem indivisível, um todo unitário, usualmente denominado *espólio*, que constitui um condomínio, o qual somente se finda após a feitura do inventário e consequente partilha/divisão de tais bens, momento em que cada herdeiro receberá a sua fração ideal da universalidade, passando a ter a total titularidade sobre a coisa (QUINTELLA; DONIZETTI, 2014, p. 1101).

A sucessão será considerada aberta, pois, assim que ocorrida a morte, ou no instante de presunção da morte, momento em que se dará a aquisição completa do direito sucessório, ou seja, o direito hereditário irá nascer e haverá a substituição do falecido por seus sucessores a título universal (HIRONAKA, 2004, p. 6). Em síntese,

> Completada a aquisição do direito sucessório, ocorre a transmissão da herança, ato por meio do qual o patrimônio se destaca da esfera jurídica do sucedente, morto – a qual se extingue -, e se incorpora à esfera jurídica dos sucessores. Daí que os sucessores recebem a herança mesmo que não tenha conhecimento do fato. A razão da transmissão automática e imediata é simples: não se poderia imaginar que o patrimônio deixado pelo morto ficasse, nem por um segundo que fosse, sem titular (QUINTELLA; DONIZETTI, 2014, p. 1110).

Portanto, o fenômeno jurídico da abertura da sucessão, a aquisição completa do direito sucessório, a transmissão da herança e a aquisição da herança surgem simultaneamente com a morte do sucedendo.

Por outras palavras, o evento morte implica a abertura da sucessão e a transmissão automática aos herdeiros da propriedade e da posse – a ideia de que a posse da herança se transmite de forma imediata aos herdeiros advém do direito francês e consagra o princípio da *saisine* (RODRIGUES, 2007, p. 14).

O Código Civil de 2002, no que cinge às sucessões, manteve quase a mesma estrutura normativa do Código Civil de 1916, acrescentando apenas um capítulo ao arranjo formal. Assim, dividiu o Livro V, Do Direito das Sucessões, em quatro títulos: Título I, "Da Sucessão em Geral"; Título II, "Da Sucessão Legítima"; Título III, "Da Sucessão Testamentária"; Título IV, "Do Inventário e Partilha". Em síntese, o Título I do código versa a respeito de aspectos gerais acerca da sucessão testamentária e da sucessão legítima, apregoando regras sobre transmissão, titularidade e renúncia da herança. O Título II, por sua vez, versa sobre a sucessão, ordem e transferência de bens aos membros da família do *de cujus*. O Título III, de outro lado, lida com a transmissão patrimonial por meio do chamado ato de última vontade. Por fim, o Título IV trata de regras de direito material múltiplas.

Todavia, apesar da manutenção de grande parte da estrutura formal sistemática, a nova legislação trouxe diversas modificações materiais ao regime sucessório, bem como acréscimos legislativos, ainda que diminutos.

O novo CC altera significativamente o sistema jurídico relativo à sucessão legítima, não apenas sob o aspecto formal (...), mas especialmente sob o aspecto material, com importantes novidades, como a inclusão do cônjuge como herdeiro necessário, a maior proteção aos herdeiros legítimos necessários, a priorização e a maior valoração aos herdeiros que efetivamente mantinham vínculos próximos com o autor da sucessão, a formal retirada dos entes públicos da qualidade de herdeiros (e sim destinatários finais dos bens hereditários), a supressão do usufruto vidual, a formal ampliação do direito real de habitação em favor do cônjuge supérstite independentemente de regime, o reconhecimento da igualdade entre os descendentes independentemente do tipo de vínculo entre os ascendentes, entre outras (GAMA, 2003, p. 115).

Nesse passo, cabe destacar que um dos temas abordados pelo Código Civil de 2002 foi o aprimoramento de uma das exceções ao princípio da existência em matéria sucessória, qual seja a permissão de se testar em favor do concepturo.

3.3. O Concepturo

3.3.1. Conceito: O Concepturo como Expectativa de Direitos, uma Exceção ao Princípio da Existência

A sucessão, que primitivamente calcava-se na perpetuidade do culto e na propriedade da família, evoluindo para fundamentar-se apenas na propriedade, como visto, é repleta de fenômenos complexos e multifacetados no âmbito do Direito, que acabam por tangenciar diversos campos do saber jurídico, representando auspícios e convenções da sociedade. Um desses fenômenos que orbita o Direito Sucessório contemporâneo é o princípio da existência, o qual preconiza que, regra geral, somente as pessoas nascidas no momento da abertura da sucessão possuem legitimidade para suceder, consoante os termos do artigo 1798[4] do Código Civil de 2002.

Para GOMES (2008, p. 30), trata-se de uma exigência lógica, afinal, alguém precisará assumir a posição jurídica do *de cujus*, o que só poderá ocorrer caso a pessoa exista quando da abertura da sucessão. Em outras palavras,

> A legitimidade para suceder se confunde com o segundo pressuposto que mencionamos – sobrevivência do sucessor. Compõe-se de dois elementos: existência da pessoa e o direito sucessório eventual. Ou seja, tem legitimidade para suceder[5] a pessoa

---

[4] Art. 1.798. Legitimam-se a suceder as pessoas nascidas ou já concebidas no momento da abertura da sucessão (BRASIL, 2002).

[5] Há autores, ainda, que falam em capacidade sucessória passiva e incapacidade sucessória passiva. A capacidade sucessória passiva é, nada mais, do

que existir no momento da abertura da sucessão e que estiver investida de direito eventual à sucessão, seja por disposição testamentária ou pela lei (QUINTELLA; DONIZETTI, 2014, p. 1112).

Diante disso, resta perguntar: atualmente é possível deixar herança ou legado, por via testamentária, para pessoas ainda não nascidas, isto é, pessoas futuras, ou apenas as pessoas já existentes têm legitimidade para suceder testamentariamente?

Desde o primeiro anteprojeto do Código Civil, publicado originalmente em 1972, duas exceções sucessórias, em se tratando de pessoas físicas, são aceitas em relação ao princípio da existência, permitindo a instituição, como herdeiro, de quem ainda não nasceu. São elas: a deixa testamentária em favor do nascituro[6] e do concepturo, objeto direto do nosso estudo.

---

que a legitimidade para se suceder, que primeiramente passa pela existência e logo em seguida pela existência do direito sucessório eventual. A incapacidade sucessória passiva, consequentemente, o impedimento para se suceder, podendo ser absoluta ou relativa. Absoluta é a inexistência, tendo caráter geral e indiscriminado; e relativa é aquela que atinge pessoas determinadas, as quais não podem receber por motivos específicos, rol previsto no artigo 1801 do Código Civil de 2002: "Art. 1.801. Não podem ser nomeados herdeiros nem legatários: I - a pessoa que, a rogo, escreveu o testamento, nem o seu cônjuge ou companheiro, ou os seus ascendentes e irmãos; II - as testemunhas do testamento; III - o concubino do testador casado, salvo se este, sem culpa sua, estiver separado de fato do cônjuge há mais de cinco anos; IV - o tabelião, civil ou militar, ou o comandante ou escrivão, perante quem se fizer, assim como o que fizer ou aprovar o testamento" (BRASIL 2002). Sobre o tema, ver: PEREIRA, Caio Mário. Instituições de Direito Civil: Direito das Sucessões. v. 6. Rio de Janeiro: Editora Forense, 2009, p. 189-191.

[6] Estudaremos mais a frente as dissemelhanças entre o nascituro e o concepturo.

O concepturo, no entendimento de VASCONCELOS (2008, p. 73), importa tão somente uma expectativa de direitos, uma expectativa de que venha a ser, ou seja, uma possibilidade jurídica de nascença (com vida) de um herdeiro, o que lhe permitirá suceder testamentariamente.

Em outros dizeres, o concepturo é aquele ente ficcional que ainda não nasceu e tampouco se encontra concebido no ventre materno, inexistindo no mundo das coisas. Mas, apesar disso, tem seus direitos futuros resguardados para caso venha a nascer com vida, isto é, pode ser beneficiado testamentariamente por (i) disposição pura ou direta feita pelo testador ou mesmo através da (ii) instituição de fideicomisso.

3.3.1.1. A Disposição Pura ou Direta em favor do Concepturo

Preliminarmente, é de se inferir que no anteprojeto do Código Civil publicado em 1972, em relação ao livro de Direito das Sucessões, deixado a cargo de Torquato Castro, o concepturo foi tratado como um dos pontos principais e recebeu especial atenção do legislador, conforme se observa da apresentação das diretrizes fundamentais da legislação:

> São os seguintes pontos fundamentais da revisão procedida:
>
> (...)
>
> c) Legitimação para suceder, no tocante ao *nasciturus conceptus* e *nondum conceptus*, estabelecendo-se prazo razoável para a consolidação da herança.
>
> (...) (BRASIL, 1972).

Em tal anteprojeto, a legitimidade sucessória e a possibilidade de disposição testamentária pura ou direta em favor do concepturo estavam presentes, respectivamente, no artigo 2006 e 2007, inciso I, que integravam o Capítulo III, "Da Vocação Hereditária", do Título I, "Da Sucessão em Geral", *in verbis*:

> Art. 2.006. Legitimam-se a suceder as pessoas existentes, ou já concebidas no momento da abertura da sucessão, ressalvado o disposto no artigo seguinte.
>
> Art. 2.007. Na sucessão testamentária podem ainda ser chamados a suceder:
>
> I – Os filhos ainda não concebidos de pessoas indicadas pelo testador, desde que vivas ao abrir-se a sucessão.
>
> II – As pessoas jurídicas.
>
> III – A pessoa jurídica, cuja organização for determinada pelo testador sob a forma de fundação (BRASIL, 1972, p. 317).

Em continuação, a administração dos bens e os efeitos da designação, bem como o prazo para nascimento do concepturo, estavam previstos no artigo 2008 do anteprojeto, *in verbis*:

> Art. 2.008. No caso do inciso I do artigo precedente, os bens da herança serão confiados, após a liquidação ou partilha, a curador nomeado pelo juiz.
>
> § 1º Salvo disposição testamentária em contrário, a curatela caberá à pessoa, cujo filho o testador espera

O FENÔMENO JURÍDICO DA SUCESSÃO NO
CÓDIGO CIVIL DE 2002 E O CONCEPTURO

ter como herdeiro, e, sucessivamente, às pessoas indicadas no art. 2005[7].

§ 2º Os poderes, deveres e responsabilidade do curador, assim nomeado, regem-se pelas disposições concernentes à curatela dos incapazes.

§ 3º Nascendo com vida o herdeiro esperado, ser-lhe--á deferida a sucessão, com os frutos e rendimentos relativos à deixa, a partir da morte do testador.

§ 4º Se, decorridos dez anos após a abertura da sucessão, não for concebido o herdeiro esperado, os bens reservados, salvo disposição em contrário do testador, caberão aos herdeiros legítimos (BRASIL, 1972, p. 317).

Interessante notar, nesse ponto, que o anteprojeto inovou, em comparação ao Código Civil de 1916, ao prever a estipulação de prazo para nascimento do concepturo, o qual foi originalmente desenhado pela comissão como sendo de 10 anos, tempo considerado excessivo e reduzido *a posteriori*.

De outra sorte, no anteprojeto do Código Civil publicado em 1973 pela comissão, a legitimidade sucessória e a possibilidade de disposição testamentária pura ou direta em

---

[7] Art. 2.005. Até o compromisso do inventariante, na forma da lei processual civil, a administração da herança caberá, sucessivamente: I – Ao cônjuge, se com o outro convivia ao tempo da abertura da sucessão. II – Ao herdeiro que estiver na posse e administração dos bens, e, se houver mais de um nestas condições, ao mais velho. III – Ao testamenteiro. IV – A pessoa de confiança do juiz, na falta ou escusa das indicadas nos itens anteriores, ou quando tiverem de ser afastadas por motivo grave levado ao conhecimento do juiz (BRASIL, 1972, p. 316).

favor do concepturo estavam presentes, respectivamente, no artigo 1986 e 1987, inciso I, os quais, da mesma maneira, integravam o Capítulo III, "Da Vocação Hereditária", do Título I, "Da Sucessão em Geral", *in verbis*:

> Art. 1.986. Legitimam-se a suceder as pessoas existentes, ou já concebidas no momento da abertura da sucessão, ressalvado o disposto no artigo seguinte.
>
> Art. 1.987. Na sucessão testamentária podem ainda ser chamados a suceder:
>
> I – Os filhos ainda não concebidos de pessoas indicadas pelo testador, desde que vivas ao abrir-se a sucessão.
>
> II – As pessoas jurídicas.
>
> III – A pessoa jurídica, cuja organização for determinada pelo testador sob a forma de fundação (BRASIL, 1973, p. 417).

Na mesma direção, a administração dos bens e os efeitos da designação, bem como o prazo para nascimento do concepturo, estavam previstos no artigo 1998 do anteprojeto, consoante se vê:

> Art. 1.998. No caso do inciso I do artigo precedente, os bens da herança serão confiados, após a liquidação ou partilha, a curador nomeado pelo juiz.
>
> § 1º Salvo disposição testamentária em contrário, a curatela caberá à pessoa, cujo filho o testador espera

O FENÔMENO JURÍDICO DA SUCESSÃO NO
CÓDIGO CIVIL DE 2002 E O CONCEPTURO

ter como herdeiro, e, sucessivamente, às pessoas indicadas no art. 1985[8].

§ 2º Os poderes, deveres e responsabilidade do curador, assim nomeado, regem-se pelas disposições concernentes à curatela dos incapazes.

§ 3º Nascendo com vida o herdeiro esperado, ser-lhe-á deferida a sucessão, com os frutos e rendimentos relativos à deixa, a partir da morte do testador.

§ 4º Se, decorridos dez anos após a abertura da sucessão, não for concebido o herdeiro esperado, os bens reservados, salvo disposição em contrário do testador, caberão aos herdeiros legítimos (BRASIL, 1973, p. 417).

Da análise, o que se percebe é que houve apenas uma alteração diminuta no § 2º do artigo 1998, sendo mantida, quase que na integralidade, a redação original do projeto publicado em 1972.

Na redação final, por outro lado, o tema foi tratado nos artigos 1799, inciso I e 1800 do código, de igual sorte no Capítulo III, "Da Vocação Hereditária", do Título I, "Da Sucessão em Geral", conforme se nota:

---

[8] Art. 1.985. Até o compromisso do inventariante, na forma da lei processual civil, a administração da herança caberá, sucessivamente: I – Ao cônjuge, se com o outro convivia ao tempo da abertura da sucessão. II – Ao herdeiro que estiver na posse e administração dos bens, e, se houver mais de um nestas condições, ao mais velho. III – Ao testamenteiro. IV – A pessoa de confiança do juiz, na falta ou escusa das indicadas nos itens anteriores, ou quando tiverem de ser afastadas por motivo grave levado ao conhecimento do juiz (BRASIL, 1973, p. 416-417).

Art. 1.799. Na sucessão testamentária podem ainda ser chamados a suceder:

I - os filhos, ainda não concebidos, de pessoas indicadas pelo testador, desde que vivas estas ao abrir-se a sucessão;

II - as pessoas jurídicas;

III - as pessoas jurídicas, cuja organização for determinada pelo testador sob a forma de fundação.

Art. 1.800. No caso do inciso I do artigo antecedente, os bens da herança serão confiados, após a liquidação ou partilha, a curador nomeado pelo juiz.

§ 1º Salvo disposição testamentária em contrário, a curatela caberá à pessoa cujo filho o testador esperava ter por herdeiro, e, sucessivamente, às pessoas indicadas no art. 1.775.

§ 2º Os poderes, deveres e responsabilidades do curador, assim nomeado, regem-se pelas disposições concernentes à curatela dos incapazes, no que couber.

§ 3º Nascendo com vida o herdeiro esperado, ser-lhe-á deferida a sucessão, com os frutos e rendimentos relativos à deixa, a partir da morte do testador.

§ 4º Se, decorridos dois anos após a abertura da sucessão, não for concebido o herdeiro esperado, os bens reservados, salvo disposição em contrário do testador, caberão aos herdeiros legítimos (BRASIL, 2002).

Com efeito, a redação final abandonou a expressão até então utilizada pelo Código Civil de 1916, "prole eventual", que cedeu lugar para o termo "filhos ainda não concebidos", o que colocou fim a discussões ocorridas durante boa parte do século XX quanto ao alcance do primeiro termo, em que se debatia se a disposição também alcançaria (ou não) os netos ou bisnetos da pessoa determinada e viva ao tempo da abertura da sucessão.

Sem embargo, é necessário destacar que para que a disposição seja válida, deverá o testador indicar expressamente determinada(s) pessoa(s) viva(s) cujo(s) filho(s), concepturo(s), se pretende beneficiar de forma testamentária, sendo válida a disposição que recai sobre um ou sobre ambos os genitores. Não se deve esquecer, no entanto, que "as pessoas determinadas, que hão-de procrear o futuro herdeiro ou legatário, devem ser *vivas ao tempo da morte do testador*, de sorte que haja, pelo menos, a probabilidade dessa procreação" (GONÇALVES, 1934, p. 705).

Em tal tipo de deixa, somente irá adquirir a qualidade de herdeiro o concepturo, ou seja, a(s) pessoa(s) designada(s) pelo testador como genitor(es) não se enquadra(m) como contemplada(s) pelo testamento. Todavia, "(...) se a pessoa cuja prole tenha sido nomeada herdeira ou legatária premorra ao de cujus, deixando, entretanto, prole concebida, sem dúvida que a disposição terá pleno efeito (...)" (SANTOS, 1947, p. 45).

O testador, contudo, pode escolher qual filho da pessoa indicada almeja beneficiar, quer dizer, pode optar por prestigiar, por exemplo, o primeiro filho, o segundo ou mesmo ambos.

Nesse ponto, em função da vedação constitucional e infraconstitucional de discriminação quanto à forma de filiação[9], não há necessidade que o filho escolhido para ser herdeiro tenha origem consanguínea, isto é, em vez de conceber, o vínculo de filiação poderá ter origem diversa, tal como aquele que advém da adoção depois da morte do testador (filiação socioafetiva), de reprodução assistida, bem como da posse de estado de filho, como aponta DIAS (2013, p. 345)[10].

---

[9] Tal determinação consta do artigo 227, § 6º da Constituição da República: "Art. 227. É dever da família, da sociedade e do Estado assegurar à criança, ao adolescente e ao jovem, com absoluta prioridade, o direito à vida, à saúde, à alimentação, à educação, ao lazer, à profissionalização, à cultura, à dignidade, ao respeito, à liberdade e à convivência familiar e comunitária, além de colocá-los a salvo de toda forma de negligência, discriminação, exploração, violência, crueldade e opressão. § 6º Os filhos, havidos ou não da relação do casamento, ou por adoção, terão os mesmos direitos e qualificações, proibidas quaisquer designações discriminatórias relativas à filiação (BRASIL, 1988); do artigo 1596 do Código Civil de 2002: "Art. 1.596. Os filhos, havidos ou não da relação de casamento, ou por adoção, terão os mesmos direitos e qualificações, proibidas quaisquer designações discriminatórias relativas à filiação" (BRASIL 2002); e do artigo 20 da Lei 8069/1990: "Art. 20. Os filhos, havidos ou não da relação do casamento, ou por adoção, terão os mesmos direitos e qualificações, proibidas quaisquer designações discriminatórias relativas à filiação" (BRASIL, 1990).

[10] Na mesma linha, GAMA (2004, p. 213) defende que a leitura do código deve se dar da seguinte forma: "filhos cuja parentalidade ainda não havia sido estabelecida relativamente às pessoas determinadas pelo testador e existentes à época da abertura da sucessão". Nota-se, destarte, uma abertura do conceito de conceptura, de forma excepcional, para que seja agasalhado o princípio da vedação da discriminação quanto à forma de filiação.

O FENÔMENO JURÍDICO DA SUCESSÃO NO CÓDIGO CIVIL DE 2002 E O CONCEPTURO

O concepturo, então, terá o prazo de dois anos[11] após a abertura da sucessão para poder nascer, de sorte que, caso isto não ocorra, os bens que lhe foram reservados, salvo disposição em contrário do testador, caberão aos herdeiros legítimos, integrarão a legítima - desde o dia da morte do testador. A disposição testamentária, pois, será ineficaz, *ex tunc*.

Caso não haja a estipulação específica quanto aos herdeiros, isto é, se se prever de forma geral que serão beneficiados os "filhos ainda não concebidos", todos aqueles que nascerem dentro de tal prazo legal de dois anos terão direito à sucessão, recebendo a parte cabível da herança. Os que nascerem posteriormente ao prazo, de outra sorte, não serão considerados como herdeiros testamentários, e consequentemente não terão qualquer direito sobre a herança.

Pelo exposto, fica patente que o concepturo nada mais é do que uma expectativa de direitos, um direito em potência, e nada transmitirá aos seus sucessores enquanto não vem à luz. E, se nasce morto, é como se nunca tivesse existido (MAXIMILIANO, 1937, p. 146).

---

[11] Prazo esse que não estava previsto no Código Civil de 1916. REALE (2005, p. 115) aponta que o responsável pelo livro das sucessões no Código Civil de 2002, Torquato Castro, considerou que esse foi um dos aspectos relevantes da reforma, ou seja, da legitimação para suceder, no que se refere aos nascituros *conceptus* e *nondum conceptus*, em que se estabeleceu prazo razoável para a consolidação da herança, como dito outrora.

3.3.1.2. A Substituição Fideicomissária em favor do Concepturo

No anteprojeto do Código Civil publicado em 1972, a possibilidade de instituição de substituição fideicomissária em favor do concepturo estava consagrada nos artigos 2161 a 2169, localizados na Seção II, "Da Substituição Fideicomissária", no Capítulo IX, "Das Substituições", logo depois das previsões acerca da substituição vulgar e recíproca, *in verbis*:

Art. 2.161. Pode também o testador instituir herdeiros ou legatários por meio de fideicomisso, impondo a um deles, o gravado ou fiduciário, a obrigação de, por sua morte, a certo tempo, ou sob certa condição, transmitir ao outro, que se qualifica de fideicomissário, a herança ou o legado.

Art. 2.162. A substituição fideicomissária somente se permite em favor dos não concebidos ao tempo da morte do testador.

Parágrafo único. Se, ao tempo da morte do testador, já houver nascido o fideicomissário, adquirirá este a propriedade dos bens fideicometidos, convertendo-se em usufruto o direito do fiduciário.

Art. 2.163. O fiduciário tem a propriedade da herança ou legado, mas restrita e resolúvel.

Parágrafo único. É obrigado, porém, a proceder ao inventário dos bens gravados, e, se lho exigir o fideicomissário, a prestar caução de restituí-los.

Art. 2164. O fideicomissário pode renunciar a herança ou legado, e neste caso, o fideicomisso caduca,

O FENÔMENO JURÍDICO DA SUCESSÃO NO CÓDIGO CIVIL DE 2002 E O CONCEPTURO

ficando os bens propriedade pura do fiduciário, se não houver disposição contrária do testador. Art. 2165. Se o fideicomissário aceitar a herança ou legado, terá direito à parte que, ao fiduciário, em qualquer tempo acrescer. Art. 2166. O fideicomissário responde pelos encargos da herança que ainda restarem, quando vier à sucessão. Art. 2167. Caduca o fideicomisso, se o fideicomissário morrer antes do fiduciário, ou antes de realizar--se a condição resolutória do direito deste último. Neste caso, a propriedade consolida-se no fiduciário nos termos do art. 2.164.

Art. 2.168. São nulos os fideicomissos além do segundo grau.

Art. 2.169. A nulidade da substituição ilegal não prejudica a instituição, que valerá sem o encargo resolutório (BRASIL, 1972, p. 337-338).

Já no anteprojeto do Código Civil publicado em 1973, a possibilidade de instituição de substituição fideicomissária em favor do concepturo constava dos artigos 2142 a 2150, localizados, também, na Seção II, "Da Substituição Fideicomissária", no Capítulo IX, "Das Substituições", *in verbis*:

Art. 2.142. Pode também o testador instituir herdeiros ou legatários por meio de fideicomisso, impondo a um deles, o gravado ou fiduciário, a obrigação de, por sua morte, a certo tempo, ou sob certa condição, transmitir ao outro, que se qualifica de fideicomissário, a herança ou o legado.

Art. 2.143. A substituição fideicomissária somente se permite em favor dos não concebidos ao tempo da morte do testador.

Parágrafo único. Se, ao tempo da morte do testador, já houver nascido o fideicomissário, adquirirá este a propriedade dos bens fideicometidos, convertendo--se em usufruto o direito do fiduciário.

Art. 2.144. O fiduciário tem a propriedade da herança ou legado, mas restrita e resolúvel.

Parágrafo único. É obrigado, porém, a proceder ao inventário dos bens gravados, e, se lho exigir o fideicomissário, a prestar caução de restituí-los.

Art. 2145. O fideicomissário pode renunciar a herança ou legado, e neste caso, o fideicomisso caduca, ficando os bens propriedade pura do fiduciário, se não houver disposição contrária do testador.

Art. 2146. Se o fideicomissário aceitar a herança ou legado, terá direito à parte que, ao fiduciário, em qualquer tempo acrescer.

Art. 2147. O fideicomissário responde pelos encargos da herança que ainda restarem, quando vier à sucessão.

Art. 2148. Caduca o fideicomisso, se o fideicomissário morrer antes do fiduciário, ou antes de realizar--se a condição resolutória do direito deste último. Neste caso, a propriedade consolida-se no fiduciário nos termos do art. 2.164.

Art. 2.149. São nulos os fideicomissos além do segundo grau.

O FENÔMENO JURÍDICO DA SUCESSÃO NO CÓDIGO CIVIL DE 2002 E O CONCEPTURO

Art. 2.150. A nulidade da substituição ilegal não prejudica a instituição, que valerá sem o encargo resolutório (BRASIL, 1973, p. 439).

A partir da análise de tais dispositivos, percebe-se que não houve qualquer alteração da redação original do anteprojeto (primitivo) publicado em 1972. Seja como for, na redação final o tema foi tratado nos artigos 1951 a 1960 do código, também na Seção II, "Da Substituição Fideicomissária", do Capítulo IX, "Das Substituições", redação que, apesar de ter realizado algumas alterações, manteve praticamente a mesma linha de intelecção delineada pelo anteprojeto do Código Civil de 1972 e de 1973, conforme se vê:

> Art. 1.951. Pode o testador instituir herdeiros ou legatários, estabelecendo que, por ocasião de sua morte, a herança ou o legado se transmita ao fiduciário, resolvendo-se o direito deste, por sua morte, a certo tempo ou sob certa condição, em favor de outrem, que se qualifica de fideicomissário.
>
> Art. 1.952. A substituição fideicomissária somente se permite em favor dos não concebidos ao tempo da morte do testador.
>
> Parágrafo único. Se, ao tempo da morte do testador, já houver nascido o fideicomissário, adquirirá este a propriedade dos bens fideicometidos, convertendo-se em usufruto o direito do fiduciário.
>
> Art. 1.953. O fiduciário tem a propriedade da herança ou legado, mas restrita e resolúvel.

Parágrafo único. O fiduciário é obrigado a proceder ao inventário dos bens gravados, e a prestar caução de restituí-los se o exigir o fideicomissário.

Art. 1.954. Salvo disposição em contrário do testador, se o fiduciário renunciar a herança ou o legado, defere-se ao fideicomissário o poder de aceitar.

Art. 1.955. O fideicomissário pode renunciar a herança ou o legado, e, neste caso, o fideicomisso caduca, deixando de ser resolúvel a propriedade do fiduciário, se não houver disposição contrária do testador.

Art. 1.956. Se o fideicomissário aceitar a herança ou o legado, terá direito à parte que, ao fiduciário, em qualquer tempo acrescer.

Art. 1.957. Ao sobrevir a sucessão, o fideicomissário responde pelos encargos da herança que ainda restarem.

Art. 1.958. Caduca o fideicomisso se o fideicomissário morrer antes do fiduciário, ou antes de realizar--se a condição resolutória do direito deste último; nesse caso, a propriedade consolida-se no fiduciário, nos termos do art. 1.955.

Art. 1.959. São nulos os fideicomissos além do segundo grau.

Art. 1.960. A nulidade da substituição ilegal não prejudica a instituição, que valerá sem o encargo resolutório (BRASIL, 2002).

À luz da redação aprovada, a substituição fideicomissária pode ser definida como a disposição testamentária feita a terceiro, que se torna herdeiro, encarregando-o de

O FENÓMENO JURÍDICO DA SUCESSÃO NO CÓDIGO CIVIL DE 2002 E O CONCEPTURO

transmitir certo patrimônio a quem ainda não nasceu e não foi concebido, isto é, a uma pessoa futura[12], o concepturo, também herdeiro. Há, nesse caso, a instituição pelo testador/fideicomitente de dois herdeiros sucessivos, o fiduciário, e o fideicomissário (concepturo).

O fiduciário é aquele herdeiro que recebe de forma primeva os bens, conservando-os até sua morte ou então até a realização de determinada condição[13]. Ele deve, necessariamente, "(...) ter existencia actual, isto é, ao tempo da constituição da liberalidade" (MEIRA, 1929, p. 16). O fideicomissário, por outro lado, é aquele herdeiro que irá receber sucessivamente os bens que foram conservados pelo fiduciário quando sobrevier alguma das duas hipóteses acima citadas.

A instituição de fideicomisso pode contemplar tanto os descendentes quanto os não, desde que não ultrapasse o segundo grau, ou seja, sendo o fiduciário o herdeiro em primeiro grau, e o fideicomissário em segundo, todas as substituições além disso são nulas, o que não prejudica a instituição originária, que valerá sem o encargo resolutório. Em outras palavras, "se se anular a instituição de primeiro grau (fiduciário), não prevalecerá o fideicomisso. Ao revés,

---

[12] No Código Civil de 1916, permitia-se a instituição de fideicomisso em benefício de pessoas existentes, o que não foi mantido pela atual codificação, conforme se vê da dicção do artigo 1952: "Art. 1.952. A substituição fideicomissária somente se permite em favor dos não concebidos ao tempo da morte do testador" (BRASIL, 2002).

[13] A condição pode ser qualquer fato ou acontecimento, mas usualmente é a própria morte do fiduciário.

se se anula a substituição, prevalece a nomeação do fiduciário como se fosse pura e simples, de herdeiro sem encargo resolutório"[14] (PEREIRA, 2009, p. 276).

Tendo em vista se tratar de beneficiário imediato, o fiduciário possui tão somente a propriedade restrita e resolúvel da herança ou legado. Já o fideicomissário, por se tratar de beneficiário mediato, a partir de seu nascimento terá a nua-propriedade sobre a coisa, mas não a posse.

Com o implemento da condição preestabelecida ou a morte do fiduciário, a propriedade se consolidará no fideicomissário, os bens passarão a integrar, cabalmente, seu patrimônio.

Contudo, se ao tempo da morte do testador já houver nascido o fideicomissário, adquirirá este a propriedade dos bens fideicometidos, convertendo-se em usufruto o direito do fiduciário[15], usufruto que se manterá até sua morte ou o implemento da condição, a depender da deliberação do testador. Trata-se, em realidade, de uma conversão legal que denota a vedação de que seja contemplada por fideicomisso pessoa já nascida.

De outra banda, caduca o fideicomisso se o fideicomissário vier a falecer antes do fiduciário ou então antes de realizar-se a condição determinada, nesse caso, a propriedade se consolida no fiduciário, extinguindo sua natureza

---

[14] Ou seja, recebe os bens em propriedade plena.

[15] Tal hipótese é uma excepcionalidade trazida pela codificação civil. Como quer que seja, deve-se ter em mente que "o fideicomisso não se confunde com o usufruto, pois não existem dois titulares (nua propriedade e

de resolutividade. Também caduca o fideicomisso se a concepção do fideicomissário não ocorre até o implemento da condição preestabelecida, hipótese em que a propriedade se consolida no fiduciário. E, se o fiduciário morre antes da concepção do fideicomissário, a propriedade, consequentemente, se consolida nos herdeiros daquele[16].

Além disso, importa comentar que

> O Fideicomisso não torna a propriedade resolúvel indisponível, o fiduciário pode desfazer-se dos bens (gravá-los ou aliená-los), mas, verificado o implemento da condição, os bens devem ir para o patrimônio do fideicomissário. Obviamente, a alienação será de bens resolúveis que são registrados em nome do fiduciário, observando-se o gravame em nome do fideicomissário (LRP – art. 167, I – 25 e 167, II – 11). A propriedade do fiduciário é restrita e resolúvel, mas ele pode administrar, usar, gozar e alienar os bens com ampla liberdade, entretanto, é uma propriedade temporária, e as alienações ficam sujeitas à cláusula resolutiva, devendo os bens ser entregues ao fideicomissário nas mesmas condições que

---

usufruto), mas titulares sucessivos. O usufruto é intransferível, enquanto o fiduciário pode ceder seus direitos, o nu-proprietário (no usufruto), por sua vez, pode dispor de seus direitos, mas o fideicomissário não o pode fazer" (CARVALHO; CARVALHO, 2007, p. 160). Sobre o tema, ver também: PEREIRA, Caio Mário. Instituições de Direito Civil: Direito das Sucessões. v. 6. Rio de Janeiro: Editora Forense, 2009, p. 281-283.

[16] Aqui, todavia, deve-se ter ciência que, "(...) se o encargo foi instituído *pro tempore*, isto é, se os bens tiverem de passar ao fideicomissário ao fim de certo prazo, e o fiduciário falecer antes de escoado este, transmitem-se aos seus herdeiros, porém gravados na mesma cláusula resolutiva e da mesma obrigação restitutória" (PEREIRA, 2009, p. 278).

estavam na abertura da sucessão[17] (CARVALHO; CARVALHO, 2007, p. 161-162).

Ao contrário do que ocorre na disposição pura ou direta, no fideicomisso não há qualquer tipo de limitação temporal, podendo o testador deliberar livremente sobre o assunto, conforme sua vontade.

Os contornos do fideicomisso são, de fato, extremamente peculiares, já tendo proporcionado calorosas discussões doutrinárias e principalmente legislativas ao longo dos anos. Apesar disso, é um instituto que ainda possui repercussão no âmbito sucessório, e não pode ser confundido com a disposição pura ou direta em favor do concepturo vista anteriormente. No fideicomisso, há a instituição de dois herdeiros, o fiduciário e o fideicomissário, que recebem o patrimônio de forma sucessiva, e na disposição pura ou direta apenas o concepturo é contemplado, em um ato único.

A disposição pura ou direta foi adotada "(...) justamente para aquelles casos, dentre outros, em que se quer passar por cima das pessôas designadas, e se deixa á *prole*, em vez de as contemplar (...)" (PONTES DE MIRANDA, 1935, p. 34), dito de outra forma, "o que se quer (...) [com a disposição pura ou direta] é permitir pular sobre uma pessôa (que por si não mereça, ou não precise), para lhe beneficiar a descendencia" (PONTES DE MIRANDA, 1935, p. 33).

---

[17] Isto significa que "(...) todo direito real constituído sobre os bens fideicometidos resolver-se-á pela sua restituição ao fideicomissário (novo Código Civil, art. 1.359)" (PEREIRA, 2009, p. 277).

3.3.2. Diferenças para com o Nascituro

Não há que se confundir a figura do concepturo com o nascituro. O primeiro é aquele que ainda não foi concebido no ventre materno, não existe no mundo das coisas, ao contrário do segundo, que é aquele que ainda não nasceu, mas já se encontra concebido no útero de sua genitora.

FERNANDES (2009, p. 202-203) ensina que o conceito de concepturo serve para indicar um ente que ainda não existe quando da atribuição que lhe fora feita de determinada prerrogativa jurídica, ou seja, ele representa apenas uma mera expectativa, a qual se espera que seja cumprida. Espera-se, em verdade, que venha a ser concebido e, posteriormente, nasça com vida.

O nascituro, de outra banda, representa mais do que uma simples expectativa de direitos, uma vez que já existe, ainda que em fase embrionária e constitutiva, ele já se encontra concebido, aguarda tão somente que nasça com vida. O nascituro, inclusive, tem seus direitos resguardos expressamente pelo artigo 2º do Código Civil:

> Art. 2º A personalidade civil da pessoa começa do nascimento com vida; mas a lei põe a salvo, desde a concepção, os direitos do nascituro (BRASIL, 2002).

Isso demonstra que, ou o código buscou prestigiá-lo de forma mais acentuada, dada a sua proteção específica, a qual não é estendida pelo artigo ao concepturo; ou que o concepturo foi esquecido e relegado a um segundo plano, algo que denota um descolamento da parte geral da especial, vez que, apesar de não constar declaradamente do artigo 2º, também tem sua expectativa de direitos protegida pelo artigo 1799, inciso I, do código[18].

3.3.3. A Função do Administrador

Em se tratando de disposição pura ou direta, o Código Civil de 2002 solucionou a polêmica envolvendo a forma de administração dos bens do concepturo no período de aguardo até seu nascimento, o que não fora feito pelo código anterior.

Dispôs expressamente que os bens deverão ser confiados a um curador, após a liquidação ou partilha, o qual ficará encarregado de geri-los até o nascimento do concepturo. Caso inexista qualquer disposição testamentária em contrário, o curador será a pessoa determinada e viva ao tempo da abertura da sucessão, ou seja, o genitor do concepturo[19], de sorte que, se não for possível tê-lo como curador, observar-se-á a indicação constante do artigo 1775[20], de forma sucessiva.

---

[18] Art. 1.799. Na sucessão testamentária podem ainda ser chamados a suceder: I - os filhos, ainda não concebidos, de pessoas indicadas pelo testador, desde que vivas estas ao abrir-se a sucessão. (...) (BRASIL, 2002).

[19] O genitor do concepturo é usufrutuário dos bens do filho a partir da assunção da herança, na forma do artigo 1.689, inciso I, do código: "Art. 1.689. O pai e a mãe, enquanto no exercício do poder familiar: I - são usufrutuários dos bens dos filhos" (BRASIL, 2002).

[20] Art. 1.775. O cônjuge ou companheiro, não separado judicialmente ou de fato, é, de direito, curador do outro, quando interdito. §1º Na falta do cônjuge ou companheiro, é curador legítimo o pai ou a mãe; na falta destes, o descendente que se demonstrar mais apto. § 2º Entre os descendentes, os mais próximos precedem aos mais remotos. § 3º Na falta das pessoas mencionadas neste artigo, compete ao juiz a escolha do curador (BRASIL, 2002).

O curador designado deverá observar todas as determinações aplicáveis à curatela dos incapazes, presentes no Capítulo II, "Da Curatela", do Título IV, "Da Tutela, da Curatela e da Tomada de Decisão Apoiada", do Código Civil de 2002.

Todas essas diretrizes estão insculpidas no artigo 1800 e seus parágrafos, do Código Civil de 2002, e podem ser inferidas sem grandes esforços, não merecendo maiores considerações, conforme se vê:

> Art. 1.800. No caso do inciso I do artigo antecedente, os bens da herança serão confiados, após a liquidação ou partilha, a curador nomeado pelo juiz.
>
> § 1º Salvo disposição testamentária em contrário, a curatela caberá à pessoa cujo filho o testador esperava ter por herdeiro, e, sucessivamente, às pessoas indicadas no art. 1.775.
>
> § 2º Os poderes, deveres e responsabilidades do curador, assim nomeado, regem-se pelas disposições concernentes à curatela dos incapazes, no que couber.
>
> § 3º Nascendo com vida o herdeiro esperado, ser-lhe-á deferida a sucessão, com os frutos e rendimentos relativos à deixa, a partir da morte do testador.
>
> § 4º Se, decorridos dois anos após a abertura da sucessão, não for concebido o herdeiro esperado, os bens reservados, salvo disposição em contrário do testador, caberão aos herdeiros legítimos (BRASIL, 2002).

3.3.4. Frutos e Rendimentos

Na disposição pura ou direta, como já mencionado outrora, apenas um único herdeiro é instituído, o próprio concepturo, de forma que ao(s) seu(s) genitor(es) nada cabe, o testamento não lhe(s) contempla. Logo, se nascer com vida o concepturo dentro do prazo legal, receberá, além de seu quinhão na herança, os frutos e rendimentos desde a data da abertura da sucessão, conforme artigo 1800, § 3º do código:

> Art. 1.800. No caso do inciso I do artigo antecedente, os bens da herança serão confiados, após a liquidação ou partilha, a curador nomeado pelo juiz.
>
> (...)
>
> § 3º Nascendo com vida o herdeiro esperado, ser-lhe-á deferida a sucessão, com os frutos e rendimentos relativos à deixa, a partir da morte do testador.
>
> (...) (BRASIL, 2002).

Há uma suspensão da cláusula testamentária até o nascimento com vida ou o decurso do prazo legal de dois anos. O concepturo, então, caso nasça com vida dentro de tal interregno, perceberá imediatamente todo o patrimônio, incluindo-se aí os frutos e rendimentos, de forma retroativa, os quais apenas eram administrados por um curador. Por outro lado, se não nascer com vida dentro do prazo, a disposição testamentária em seu favor perderá integralmente a eficácia, retornando todos os bens, salvo disposição em contrário do testador, aos sucessores legítimos, que também farão jus aos frutos e rendimentos desde o momento da abertura da sucessão, na forma do artigo 1800, § 4º:

Art. 1.800. No caso do inciso I do artigo antecedente, os bens da herança serão confiados, após a liquidação ou partilha, a curador nomeado pelo juiz.

(...)

§ 4o Se, decorridos dois anos após a abertura da sucessão, não for concebido o herdeiro esperado, os bens reservados, salvo disposição em contrário do testador, caberão aos herdeiros legítimos (BRASIL, 2002).

No que diz respeito ao fideicomisso, ao contrário do que ocorre na disposição pura ou direta, há a instituição de dois herdeiros, o fiduciário e o fideicomissário, como aludido outrora. O primeiro é aquele que recebe de forma imediata os bens, conservando-os até sua morte ou a realização de determinada condição; e o segundo é aquele que irá recebê-los logo em seguida, de forma sucessiva.

Como dito outrora, por se tratar de beneficiário imediato, o fiduciário possui somente a propriedade restrita e resolúvel da herança ou legado. Ao fideicomissário, caberá a nua-propriedade sobre a coisa, e não a posse.

Assim, tendo em vista que o fiduciário também é herdeiro, quando ocorrer o implemento da condição específica ou a morte do fiduciário não haverá necessidade de restituição dos frutos e rendimentos percebidos. Eis aí uma das diferenças existentes entre as duas formas de prestígio do concepturo.

Nos dizeres de PONTES DE MIRANDA (1935, p. 41):

Quando nasce a prole, o [curador] que guardou a herança (...) [instituída por disposição pura ou direta] não a perde, porque nunca a teve. Perde-a o fiduciário (...), que a tinha. Os frutos foram deste, e não os restitúe; os frutos da herança (...) [instituída por disposição pura ou direta] são da prole eventual.

3.3.5. Partilha

Examinadas as formas de destinação patrimonial em prestígio do concepturo, seja como herdeiro ou legatário, cumpre indagar: em se tratando de disposição pura ou direta, como deverá se dar a partilha enquanto não terminado o prazo legal para nascimento do concepturo? Isto é, haverá a feitura da partilha e a consequente divisão dos bens, com a separação do quinhão de cada herdeiro, inclusive do concepturo, de forma antecipada? Ou ocorrerá a partilha e a regular distribuição dos bens apenas entre os herdeiros existentes, com a realização de uma sobrepartilha caso nasça o concepturo?

Da leitura do código, é possível inferir que, após a morte do testador, será necessário abrir o inventário - o qual envolve a avaliação de todos os bens do *de cujus*, tanto ativos quanto passivos, liquidando-se eventuais débitos -, e proceder imediatamente com a partilha, que designará o quinhão de cada um dos sucessores.

A partilha, assim, deverá necessariamente englobar o quinhão do concepturo caso este herdeiro tenha sido *individualizado* na disposição testamentária, com a consequente separação dos bens que lhe couberem na sucessão, bens que serão administrados por um curador até o seu nascimento com vida ou então até o fim do prazo legal de dois anos. Se nascer com vida dentro desse prazo, herdará retroativamente, recebendo todo o conjunto patrimonial que lhe fora destinado, mas que estava sob o cuidado do curador, juntamente com todos os frutos e rendimentos, desde a morte do testador, como visto. Se não nascer ou nascer após o prazo, o quinhão que estava sendo administrado pelo curador, salvo disposição em contrário do testador, caberá aos herdeiros legítimos.

Dúvida surge, na verdade, não com a nomeação de um único filho individualizado, mas sim quando são nomeados *todos os filhos* (de maneira genérica) de pessoa determinada: afinal, como ficará a partilha?

> Esta espinhosa questão tem suscitado três opiniões. Segundo uns, a herança deve conservar-se indivisa até cessar a probabilidade de nascerem mais filhos. Dizem outros que o nascido ou nascidos se devem considerar proprietários da herança inteira, sob condição resolutiva parcial da superveniência dos filhos posteriores; por exemplo, quando nascer o primeiro; será êste o herdeiro da herança por inteiro; se nascer o segundo, aquêle será herdeiro só de metade; se nascer terceiro, cada um dos antecedentes ficará com um têrço, e assim por diante. Sustentam outros que a herança deve ser, desde logo, dividida em quantos quinhões quantos os filhos as pessoas designadas como progenitores possam vir a ter (GONÇALVES, 1934, p. 709).

Não parece acertada a primeira corrente, uma vez que a manutenção do *status* de indivisão vai em sentido contrário ao código, o qual dá a entender ser necessária a abertura do inventário e a realização da partilha, logo de pronto, com a correta designação do quinhão de cada um dos sucessores.

A segunda corrente não possui melhor sorte e também confronta a legislação. Isso porque na *mens legis* do código não há espaço, inicialmente, para a realização de uma sobrepartilha, mas tão somente para uma partilha feita em momento preambular, com a designação inicial do quinhão de cada um dos sucessores.

A terceira corrente, portanto, apesar de possuir um certo caráter arbitrário, parece ser a que está em maior consonância com o código, haja vista a determinação de realização de liquidação ou partilha, logo de início, com a conseguinte nomeação de um curador para administrar os bens dos concepturos.

Em sendo assim, o juízo do inventário dividirá a herança em tantos quinhões quantos filhos possam ter as pessoas designadas, dito de outra forma, calculará o número de possíveis filhos das pessoas designadas pelo testador como progenitores dos concepturos, separando primitivamente o quinhão de cada um. Levando em consideração o curso natural de uma gestação, a princípio, dois quinhões deveriam ser salvaguardados pelo juízo caso não haja a nomeação de um filho em específico, dado ser de dois anos o prazo legal para o nascimento, salvo quando houvesse a possível formação de gêmeos, isto é, um nascimento múltiplo, por exemplo, ou mesmo nas hipóteses de adoção ou posse de estado de filho envolvendo várias pessoas.

Nesses casos, de todo modo, se o número de filhos for superior ao previsto, em cada parte se fará a dedução precisa para compor o quinhão dos outros filhos, ao passo que, se o número de filhos for inferior, toda a sobra será acrescida à(s) parte(s) já distribuída(s) (GONÇALVES, 1934, p. 709)[21].

3.3.6. Situação Jurídica dos Bens

Em se tratando de disposição pura ou direta, um dos assuntos que mais intrigou os juristas desde o final do século XIX foi justamente a dificuldade de definição quanto à situação ou natureza jurídica da herança deixada ao concepturo.

Segundo DIAS (2013, p. 344), a sucessão que contempla o concepturo, mera expectativa de direitos, não possui *eficácia imediata*, ou seja, está atrelada a certas *condições*, eventos futuros e incertos, tendo, portanto, *natureza condicional*.

Há uma subordinação a determinados acontecimentos, sem os quais o direito não se efetiva. A transmissão da herança, em sua visão, está subordinada ao implemento de duas condições: uma resolutiva e uma suspensiva:

---

[21] Em relação aos aspectos registrários e tributários, que não são nosso foco, ver: DOMINGUES, Cláudia do Nascimento. *Transmissão da Propriedade Imobiliária ao Concepturo na Sucessão Testamentária. In*: MELO, Marcelo Augusto Santana de. Revista de Direito Imobiliário. Ano 35. Vol. 73. julho-dezembro/2012, p. 86-149.

Escoado o prazo sem que o herdeiro seja concebido, os bens são transmitidos aos herdeiros legítimos. A disposição testamentária perde a eficácia, ou seja, caduca, como diz a lei. A ineficácia é *ex tunc*, e os sucessores fazem jus aos bens, frutos e rendimentos desde a abertura da sucessão.

A sucessão em favor de herdeiro não concebido é *condicional*, não tem eficácia imediata. Há mera expectativa de direito que se consolida com o nascimento com vida, momento em que a personalidade civil tem início (CC 2.º). A transmissão da herança está subordinada ao implemento de dupla condição, dois eventos futuros e incertos. Uma *condição resolutiva*: o genitor do indicado como herdeiro precisa estar vivo quando da abertura da sucessão (CC 1.799 I). Isso na hipótese de o herdeiro instituído não ter ainda nascido. Caso já exista, herda, ainda que seu genitor já tenha falecido. A disposição testamentária não caduca. Há também uma *condição suspensiva*: a concepção deve ocorrer no prazo de dois anos contados da data da abertura da sucessão.

Caso não ocorra a concepção, o quinhão do filho que não nasceu retorna aos herdeiros legítimos, com seus frutos e rendimentos. No momento do nascimento, é como se o herdeiro tivesse nascido à data da morte do testador. Se não nasceu, mas foi concebido antes do decurso do prazo, cabe aguardar o seu nascimento. Nascendo com vida, recebe seu quinhão hereditário e mais os frutos e rendimentos desde a abertura da sucessão. Na expressão do Código, recebe a deixa a partir da morte do testador

(CC 1.800 § 3º). Esta é a exata dimensão do princípio da *saisine*.

Durante o prazo de espera para que aconteça o nascimento dos herdeiros, os bens ficam *reservados*. Mesmo que venha findar o inventário, quando da partilha, o acervo a eles destinado resta em mãos de um curador (1.800) (...) (DIAS, 2013, p. 344).

O mesmo entendimento possui GAMA (2004, p. 203), para quem a disposição em benefício daquele que sequer existe (o concepturo), tanto física quanto juridicamente, só pode ser uma modalidade de instituição testamentária *condicional*, pois adstrita a uma situação provisória, de pendência.

Por outro lado, GONÇALVES (1934, p. 707) assevera existir uma dupla *condição suspensiva*, "(...) quer ao herdeiro *concepturo*, quer aos herdeiros legítimos. Para aquêle, a condição é: 'se nascer'; para estes, a condição é: 'se falecerem antes do testador'".

PONTES DE MIRANDA (1935, p. 28-32), todavia, critica ambos os posicionamentos, apontando como um erro a invocação da condicionalidade para a definição da natureza jurídica da herança que contempla o concepturo. Segundo ele, a situação perpassa pela cotidiana confusão que se faz entre o conceito de *condiciones iuris*, elementos do próprio fenômeno jurídico, inerentes à natureza do ato, e o de *condições*, que são disposições conexas, que subordinam a situação a que se referem à suspensividade ou à resolutividade. Ao invés de essenciais, as condições são meramente acidentais, ou seja, não pertencem à natureza do fenômeno, mas provêm da vontade do homem, que pode ou não se manifestar. Além disso, nas condições o *momento de ineficácia* da condição é o mesmo do *momento de certeza da ineficácia*. E, em certos casos, é necessária a retroatividade para que os efeitos possam ser desfeitos.

Do seu ponto de vista, o nascimento do concepturo não pode ser classificado como uma instituição de herdeiro (futuro) sob condição. O nascimento mais se aproximaria, na verdade, de uma *condiciones iuris*, elemento íntrinseco sem o qual o ato jurídico não pode existir.

Ele desenha um exemplo para elucidar a falibilidade do enquadramento, como condição, da situação envolvendo o concepturo:

> Na occasião em que alguem morre e os herdeiros nomeados foram um concebido [nascituro], filho de A, e a prole eventual de B [concepturo], os bens passam, desde logo, a taes individuos futuros, ou só se transmittirão quando o concebido nasça vivo, ou se verifique o nascimento da prole de B (PONTES DE MIRANDA, 1935, p. 29)?

A resposta vem logo em sequência, esclarecendo que

> Ora, quando nasce morto o filho de A, não há herdeiro, porque o filho de A não foi pessoa. [Aqueles que acreditam configurar uma ou mais condições a situação que envolve o concepturo] Vêem nisto a não verificação de uma condição. Mas erram. Neste caso, não houve herdeiro, nem herança sob condição suspensiva: nem retroactividade, nem qualquer

outro effeito da suspensividade apposta aos negócios jurídicos. Os bens passaram aos herdeiros legítimos, no dia da morte do testador (*le mort saisit le vif*): a falta do nascituro que nascesse vivo não é mais do que a demonstração de não ter tido efficacia a disposição do testador a favor de tal concebido [nascituro]. O momento em que o juiz se persuadiu disto não é o momento da *inefficacia*, e sim, apenas, aquelle em que esta inefficacia se *demonstrou* (PONTES DE MIRANDA, 1935, p. 29).

Em outras palavras, distingue a *ineficácia da disposição testamentária* da *demonstração de ineficácia da disposição testamentária*, que nada mais é do que o momento de certeza da ineficácia. Com fulcro no exemplo citado, explica que se o nascituro nascer sem vida, tal fato seria tão só uma demonstração da ineficácia da disposição testamentária, ineficácia que ocorreu quando da morte do testador, e não com a certeza de não ter nascido. Ou seja, "(...) o momento da inefficacia é o da morte do testador, e não o da certeza de não ter nascido com vida (ou já não estar concebido á abertura da sucessão): este momento, em que se assenta que não havia pessôa, apenas demonstra a inefficacia" (PONTES DE MIRANDA, 1935, p. 30).

Dito de outra forma, o nascimento do concepturo não é necessário para que seja válido o testamento. Com efeito, a deixa testamentária é válida antes de tal episódio, o qual apenas *demonstra a eficácia* da disposição.

Ora, "(...) isto é muito differente do que se passa com as condições: nestas, com o momento da certeza coincide o da inefficacia (...)" (PONTES DE MIRANDA, 1935, p. 30), o que lhe permite concluir pela total dissonância entre o fenômeno que orbita o concepturo e a classificação calcada na condicionalidade, quer dizer, a explicação com fulcro no caráter condicional não se ajusta perfeitamente à situação existente, em sua visão.

Em continuidade ao raciocínio, ele completa:

> Não se precisa de qualquer recurso ás noções de retroactividade e outras: nas condições, os actos praticados pendente ellas são *jurídicos*, segundo o direito; e os que advieram da concepção, que se suppunha, e não se seguir de nascimento com vida, são contra o direito. Perguntar-se-á: se taes effeitos são contra direito, porque a lei abre a porta a elles, com as cautelas a favor do féto? O Direito sabe que esta antijuridicidade póde acontecer; mas elle sabe que o futuro é insondável, que a nossa ignorância do vir a ser nos obriga a deferir ao dia do nascimento a *demonstração* da efficacia ou inefficacia da disposição. Se nos víssemos no futuro, se a dimensão do Tempo fosse, para nós, como a do nosso Espaço, então tudo isto seria afastado: no dia da morte do testador, já saberíamos que o concebido nasceria vivo e seria, desde logo, *demonstrada* a *efficacia* da verba testamentaria; ou estaríamos certos de que abortaria a mulher, ou de que nasceria morta a criança, e não perderíamos esforços (nem complicaríamos os fios tênues do apriorismo jurídico!) com a salvaguarda de direitos que não poderiam ser. Tudo isso fracassa porque a *demonstração* não é contemporânea á *efficacia* ou *inefficacia*: temos dois momentos – o da

efficacia ou *inefficacia*, que é o da morte do testador, e o outro, em que se vae demonstrar, definitivamente, isto ou aquilo. Não ha por onde confundir com o *negocio condicional.*

Dir-se-á: tém valor pratico tudo isto? Respondemos apenas o seguinte: das verdads, que aí ficam, depende – vulgarmente! – o destino das fortunas. Vamos a um exemplo: A testou e nomeou herdeiro ao concebido por B. No momento em que B dá a luz, verifica-se que nasceu *sem vida.* A quem vão os bens? Responde-se: aos herdeiros legítimos. Sim. Mas a quaes herdeiros legítimos? Aos do momento da morte do testador ou aos do momento do nascimento sem vida? As nossas considerações resolvem: aos do momento da morte do testador, porque foi então que se deu a *inefficacia*, que o nascimento morto apenas *demonstrou.* Não foi uma disposição que se *tornou* inefficaz; *já o era* (PONTES DE MIRANDA, 1935, p. 30-31).

Finalizando a discussão, no entanto, ele assinala que "(...) rigorosamente, nenhuma das soluções dogmáticas se ajusta inteiramente [à questão]: se adoptarmos a personalidade, a solução de V. Tuhr é que se impõe" (PONTES DE MIRANDA, 1935, p. 26), solução que, em síntese, assevera que o lapso de espera entre a abertura da sucessão e o nascimento do concepturo representaria uma herança com sujeitos alternativos, pode-se dizer, entre A (concepturo) ou B (legítimo): se A nascer com vida dentro do prazo legal, afasta-se B; se A não nascer no prazo legal ou nascer sem vida, afasta-se A.

Noutro norte, cumpre mencionar que a situação jurídica do conjunto patrimonial destinado ao concepturo também pode ser entendida como uma herança sem sujeito, ao fundamento de que, factualmente, inexiste titularidade patrimonial entre a abertura da sucessão e o nascimento (com vida) do concepturo.

A morte do testador faz com que desapareça, temporariamente, o titular de direitos sobre os bens, os quais são colocados em administração até que ocorra o nascimento (com vida) do concepturo, momento em que a massa patrimonial volta a ter um legítimo titular.

Segundo tal posicionamento, defendido por FERNANDES (2004, p. 157-158), inexiste qualquer impedimento para a existência de *direitos sem sujeitos*, desde que haja o resguardo pela lei de modos de se garantir e efetivar a conservação do bem objeto do direito, com fito de evitar qualquer prejuízo à situação futura do titular.

De outra banda, a situação jurídica dos bens na sucessão do concepturo também pode ser enquadrada como a de uma herança jacente, nas palavras de STOLFI (1924, p. 145), uma "(...) d'eredità giacente (...)", ou seja, como uma espécie de vacância temporária, em que há um titular do conjunto patrimonial, mas ele não é identificável em um primeiro momento, só vindo à luz posteriormente.

Sem embargo, em nosso sentir nenhuma das teorias apresentadas acerca da situação ou natureza jurídica explica dogmaticamente, de forma precisa, como uma potencialidade de direitos, um ente que não nasceu e não foi concebido, e, portanto, não possui personalidade jurídica, pode suceder testamentariamente, recebendo herança ou legado. Afinal, se a personalidade é o pressuposto para a aquisição de direitos e contração de deveres, e ela só se inicia com o nascimento, e o concepturo sequer foi concebido, temos um ente sem personalidade exercendo, na prática, direitos. O nascimento não pode ser o fato de que dependa a aquisição de direitos por um sujeito já existente e que, na realidade, já é titular de direitos.

Em virtude disso, propomos uma solução que perpassa pelo vislumbramento do *concepturo como pessoa*, com *capacidade jurídica reduzida*, a partir do referencial teórico delineado por Teixeira de Freitas e resgatado por Felipe Quintella e Elpídio Donizetti.

3.3.7. Personalidade e Capacidade Jurídica Reduzida a partir de Teixeira de Freitas: O Concepturo como Pessoa

Como visto ao longo do estudo, o concepturo é uma expectativa de direitos, um ente que ainda não nasceu e nem foi concebido, consequentemente inexistindo no plano fático, o qual representa uma exceção ao princípio da existência em matéria sucessória. Apesar disso, o Código Civil de 2002 lhe concede legitimidade para suceder de forma testamentária, isto é, é suscetível de titularizar uma situação jurídica, o que acabou por criar um paradoxo: afinal, como um ente que sequer existe pode exercer direitos no mundo das coisas? Pode ser considerado pessoa? Possui personalidade jurídica?

Tendo como plano de fundo a noção contemporânea de que personalidade é a aptidão genérica para adquirir direitos e contrair deveres na vida civil, conceito intrinsicamente ligado à noção de pessoa, é possível inferir que apenas aqueles entes que a possuem podem juridicamente exercer direitos, o que nos leva a investigar, preliminarmente, se possui (ou não) o concepturo personalidade jurídica.

Como consabido, três teorias civilistas tentam explicar o momento de início da personalidade: a teoria natalista, a teoria concepcionista e a teoria da personalidade condicionada.

Para a teoria natalista, a personalidade jurídica somente se inicia com o nascimento (com vida) da pessoa, o que consequentemente afasta qualquer possibilidade de titularização de direitos anteriores a tal acontecimento. O nascimento marca o advento da competência para atuar na vida em sociedade, de modo que, previamente a isso, estaríamos diante de, no máximo, meras expectativas de direitos.

Por outro lado, para a teoria concepcionista, a personalidade jurídica se inicia com a concepção, apesar de que alguns direitos só se tornam plenamente exercitáveis a partir do nascimento (com vida) da pessoa. Ou seja, ela admite a personalidade antes mesmo do nascimento, mais especificamente desde o momento da concepção, isso em se tratando de direitos não patrimoniais ou existenciais, de sorte que os direitos patrimoniais ficam condicionados ao nascimento com vida.

A terceira teoria, da personalidade condicional, de outra banda, assevera que a personalidade jurídica só se inicia com o nascimento (com vida). No entanto, o nascituro titulariza de direitos submetidos à condição suspensiva, isto é, tem um potencial de adquiri-los, os quais irão se confirmar caso nasça com vida (DONIZETTI; QUINTELLA, 2014, p. 39).

Ocorre que para nenhuma das três teorias o concepturo pode ser considerado detentor de personalidade jurídica e, consequentemente, pessoa. Nenhuma delas é assaz para explicar como titulariza direitos, no plano fático, antes mesmo da concepção. Não detém personalidade a partir do arcabouço proposto pela teoria natalista, haja vista que ainda não nasceu, e, como também não foi concebido, sequer suas expectativas de direito seriam resguardadas. O mesmo ocorre tendo como plano de fundo a teoria concepcionista e a teoria da personalidade condicional, que exigem, no mínimo, a concepção para que haja a proteção de algum direito.

Dessa forma, constata-se que há um certo contrassenso na recusa de personalidade ao concepturo e a concessão de legitimidade para suceder testamentariamente - o que lhe permite, na prática, titularizar direitos e contrair obrigações, como se personalidade tivesse.

Em sendo assim, pela civilística atual, só restaria ao concepturo ser enquadrado como um *ente despersonalizado*, aquele não possui personalidade jurídica, tal como o condomínio, a herança jacente, a massa falida e também o espólio. Ocorre que a teoria dos entes despersonalizados, em nosso sentir, é extremamente incongruente, contraditória e lacunosa, sendo insuficiente para resolver por definitivo a questão. Isso porque promove um grande paradoxo: apesar de não possuírem personalidade jurídica (que é a aptidão genérica para adquirir direitos e contrair deveres, como dito outrora), os entes despersonalizados, na prática, acabam também titularizando e exercendo direitos e contraindo deveres, constatação que denota, em última instância, o esvaziamento da distinção entre entes despersonalizados e pessoas, sejam jurídicas ou naturais, bem como a inocuidade da teoria da personalidade jurídica.

Em outras palavras, se a distinção entre pessoas e entes despersonalizados está consagrada na existência de personalidade, algo que em tese apenas as primeiras possuem - o que lhes permite adquirir direitos e contrair deveres dentro da esfera civil -, e, levando em consideração que mesmo não possuindo personalidade os segundos também exercem direitos e adquirem deveres e obrigações, como se personalidade tivessem, como se pessoas fossem, tal distinção é ineficiente, de nada vale. Tanto os entes despersonalizados como as pessoas acabam por ter as mesmas competências.

Ocorre que, do ponto de vista dogmático, é impróprio aceitar tal proposição, é errôneo aquiesccer com o fato de que entes despersonalizados, como o concepturo, atuem de maneira semelhante a uma pessoa.

Para resolver tal imbróglio e realizar conceituações coerentes e, de certa forma, hermeticamente fechadas e consistentes, não contraditórias, então, adota-se como referencial a toria conceitual proposta por Teixeira de Freitas acerca de *pessoa* e *personalidade*, originalmente desenvolvida na Nova Apostila à Censura do Senhor Alberto de Moraes Carvalho Sobre o Projeto de Código Civil Português (1859) e logo depois aprofundada no Esboço do Código Civil (1860), contemporaneamente (re)descoberta por Felipe Quintella e Elpídio Donizetti.

Freitas, depois de publicada a Consolidação das Leis Civis, em 1857, obra que já foi esmiuçada no presente estudo, aventurou-se em outra empreitada, tão complexa quanto a primeira.

Após tomar ciência acerca do projeto de Código Civil Português, elaborado por Antônio Luiz de Seabra, o qual fora publicado em 1857, tomou conhecimento de um trabalho em que este se defendia de críticas elaboradas por Alberto Antônio de Moraes Carvalho. Diante de tal obra, mesmo sem ter lido as críticas feitas por Alberto Antônio de Moraes Carvalho (FREITAS, 1859, p. 8), o jurista baiano, tomando as dores de Alberto Antônio de Moraes Carvalho, propôs-se a condenar a resposta proferida por Antônio Luiz de Seabra.

Assim, em 1859 publicou o livro Nova Apostila à Censura do Senhor Alberto de Moraes Carvalho Sobre o Projeto de Código Civil Português, em alusão à nomenclatura da obra de resposta escrita por Antônio Luiz de Seabra em face de Alberto Antônio de Moraes Carvalho – a qual foi denominada Apostila à Censura do Sr. Alberto de Moraes Carvalho sobre a Primeira Parte do Projeto do Código Civil Português.

Em sua censura, Freitas começa a traçar os contornos primitivos tanto acerca da noção de *capacidade* e *incapacidade*, quanto sobre a de *personalidade*, como elucida QUINTELLA (2013, p. 110):

> Percebe-se, neste ponto, que Freitas distingue a noção de personalidade – entendida, como se infere do contexto, como suscetibilidade para ser sujeito de direitos – da noção de capacidade. Ocorre que a ideia sustentada pelo Visconde de Seabra, expressa no art. 1º do Projeto, era justamente a contrária: "somente o homem é suscetível de direitos e obrigações. É nisto que consiste a sua capacidade jurídica". Partindo dessa premissa, o Visconde entendia que a capacidade jurídica era "só uma, e indivisível". Para Freitas, no entanto, essa ideia é falsa, porque a noção de capacidade é plural: "para nós, para quem sabe Direito Civil, para todos os Códigos e Legislações, a capacidade civil não é uma e indivisível, porque efetivamente há muitas capacidades".

Após algumas considerações, em crítica à redação proposta por Antônio Luiz de Seabra, começa efetivamente a discorrer sobre a noção de *pessoa*, delineando suas primeiras formas, ponto que efetivamente nos interessa no presente estudo. Segundo ele,

Censura – A palavra homem, empregada no Artigo, pode ser substituida, com mais propriedade, pela palavra pessoas, de accordo com a divisão dellas em physicas, e moraes, e com a verdadeira significação juridica.

Resposta. - E´ justissima a censura, e, se peccou, foi somente por não ter usado uma linguagem terminante (...)

(...) Não tem cabimento responder-se, que a proposta emenda importava o restabelecimento da extincta distincção do velho Direito Romano entre homem e pessoa; quando claramente se deu á perceber, que se não tivera em mente essa distinção banida do Direito moderno, senao unicamente a distincção entre pessoas physicas ou naturaes e moraes ou juridicas.

(...) Se a pessoa moral - jurídica (qualificações sanccionadas pelo uso) não é pessoa-homem; está claro, que a palavra homem, empregada no Artigo, não abrange em sua significação technica ou vulgar o que se chama pessoa moral; e por isso mesmo não comprehende todas as entidades susceptiveis de relações de direito. As pessoas moraes ou juridicas entrarão no quadro dessas entidades, conforme se oserva da vida real, como ninguém ousará negar (...).

(...)

A pessoa do direito é tão somente o homem como entidade moral, e já nisto ha uma abstracção, que separa de uma ideia completa um de seus elementos, que não considera na integridade humana senao um de seus attributos.

> A pessoa, que especificamente se denomina - moral ou juridica - é essa mesma entidade moral, não em sua ideia primitiva e natural, mas expandida, em segunda potencia, como uma ideia nova tirada da primeira abstracção (...).
>
> (...)
>
> Não podia, portanto, a Apostilla dizer que, - o homem é a pessoa -, que - a capacidade juridica (mesmo no improprio sentido em que a tomara) é só uma e indivisivel - A pessoa moral ou juridica, - entidade susceptivel de direitos e obrigações, não é homem. A capacidade de ter direitos da pessoa moral não é identica á capacidade do homem (FREITAS, 1859, p. 92).

Em continuação, FREITAS (1859, p. 104) assinala que haveria uma gradação da personalidade em três pontos: fração, unidade e pluralidade.

A fração se resumiria ao fato de que uma pessoa pode exercer diversos direitos e possibilidades dentro da sociedade, sendo a personalidade apenas uma fração desses direitos, logo, a ideia de pessoa seria restringida e comportaria graduação de direitos, bem como seria possível que se recusasse a certos indivíduos uma capacidade de ter determinados direitos (FREITAS, 1859, p. 104).

Em relação à unidade, ele afirma que a personalidade seria considerada em sua natureza, aparecendo então a noção de singularidade, ou seja, considerada como uma entidade ideal (FREITAS, 1859, p. 105).

Por fim, no que cinge à pluralidade, FREITAS (1859, p. 106) argumenta que

> Na terceira gradação, amplia-se a ideia primitiva de pessoa, transportando-se a capacidade de direito para fora do indivíduo, creando-se artificialmente uma pessoa jurídica; mas reduzindo-se a pluralidade de individuos a essa única abstracção personificada, como se fora a unidade verdadeira, e reduzindo-se tambem (pois que não pode ser de outro modo) os limites da capacidade de direito.

Desse modo, conclui a crítica – neste ponto – a Antônio Luiz de Seabra apresentando o conceito de pessoa:

> Na Parte Geral sobre as pessoas, o que se deve dizer em um Código Civil, partindo de uma ideia primeira, é o que consiste a qualidade genérica das pessoas, actor infallivel da scena juridica, que a Parte Especial tem de regular; e isto conseguir-se-hia dizendo-se, que – todos os entes susceptíveis de relações de direito são pessoas (FREITAS, 1859, p. 106).

E, para arrematar, afirma que a matéria seria por ele tratada no projeto de Código Civil, o qual ficaria pronto pouco tempo depois, em 1860:

> Será esta a proposição do Art. 1º do Projecto do Codigo Civil brasileiro, cuja redação nos foi incumbida, e cuja perfeição ambicionamos como penhor de recompensa de uma vida futura (FREITAS, 1859, p. 108).

Assim como prometido, então, o Esboço traz o conceito por ele insculpido anteriormente:

> Art. 16 - Todos os entes suscetíveis de aquisição de direitos são pessoas (FREITAS, 1952, p. 17).

Freitas, destarte, acaba por formular um conceito bastante inovador[22], consagrando o brocardo de que pessoa é todo o *ente suscetível de relações de direito*, de adquirir direitos. Consequentemente, a personalidade jurídica é explicada como a *suscetibilidade de aquisição de direitos* de um ente (QUINTELLA, 2018, p. 20).

> Em conclusão do tema da personalidade jurídica, pode-se afirmar que, para Freitas, ao jurista cabe apenas, analisando a 'realidade de toda a vida social e individual', identificar os entes suscetíveis de aquisição de direitos, cuja personalidade jurídica deve, pois, ser reconhecida, também eles de existência visível ou ideal (QUINTELLA, 2013, p. 129).

Dito de outra forma, para Freitas, um ente deve ser considerado pessoa porque lhe é reconhecida a aptidão para ser sujeito de direitos, adquirindo deveres e exercendo direitos, e, assim, terá personalidade jurídica, independentemente do tipo de ente que se trate[23].

---

[22] Conceito destoante da ideia de pessoa que predominava naquela época - e que ainda predomina até os dias atuais, a qual se calca na noção de que toda pessoa é capaz de direitos e deveres na ordem civil, nos moldes do artigo 1º do Código Civil de 2002: "Art. 1º. Toda pessoa é capaz de direitos e deveres na ordem civil" (BRASIL, 2002).

[23] Esta teoria foi praticamente esquecida pela doutrina durante o final do século XIX, século XX e início do século XXI, que acabou indo na contramão das diretrizes preconizadas por Freitas. O conceito de pessoa utilizado quase que de forma unânime durante todo esse período, como dito a pouco, é de que pessoa é aquele que é capaz de direitos e deveres na ordem civil,

O conceito de pessoa, portanto, comporta a realização de uma gradação de direitos, quer dizer, uma possibilidade de recusa ou conferência de capacidade para titularizar determinados direitos. A compreensão da teoria, em um primeiro momento, então, deve se dar da seguinte forma:

É que, o que define a personalidade jurídica é o reconhecimento jurídico da possibilidade de que um ente seja sujeito de direitos. Ou seja, para nós, a leitura adequada da teoria é no sentido de que um ente é considerado pessoa porque se lhe reconhece a aptidão para ser sujeito de direitos. Parece-nos inadequada a leitura no sentido contrário, de considerar que o ente tem essa aptidão por ser pessoa. Isso porque a história revela que a conquista da aptidão para ser sujeito de direitos ocorre no plano dos fatos, cabendo ao Direito, posteriormente, tão somente reconhecê-la (QUINTELLA; DONIZETTI, 2014, p. 89-90).

Em um segundo momento, sobrelevam-se os contornos da teoria da capacidade jurídica reduzida, a qual emerge para simplificar as confusões doutrinárias criadas até hoje, tecendo *graus de capacidade (de direito)* para a titularização de determinados direitos, em conformidade com os diferentes graus de aptidão dos sujeitos:

---

e personalidade jurídica, então, é a aptidão genérica para adquirir direitos e contrair deveres, de modo que possuiria personalidade aqueles que fossem pessoas, titulares de direitos. Entretanto, como visto, tal classificação se mostrou insuficiente ao longo dos anos, notadamente diante da enorme quantidade de sujeitos não enquadrados como pessoas, mas que, apesar disso, sempre atuaram na vida civil como se tivessem personalidade, como se pessoas fossem, paradigma que deve, destarte, ser superado.

Segundo a qual, considerando-se que todo ente suscetível de aquisição de direitos é pessoa, deve-se explicar os diferentes graus de aptidão para a aquisição de direitos dos entes que não se enquadram nos conceitos de pessoa natural e de pessoa jurídica, mas que, ainda assim, têm aptidão para adquirir certos direitos, não por meio do conceito de personalidade – o qual é absoluto: ou se tem, ou se não tem –, mas sim por meio do conceito de capacidade de direito, reconhecendo que tais entes têm capacidade de direito reduzida. E, por conseguinte, no lugar de chamá-los 'entes despersonalizados', o que não é técnico, porquanto têm direitos e, portanto, têm personalidade, pode-se chamá-los de entes de capacidade reduzida. Afinal, o que os difere da pessoa natural e da pessoa jurídica, além de sua natureza, é seu grau menor de aptidão para adquirir direitos (QUINTELLA, DONIZETTI, 2014, p. 112).

Ao adotarmos tal premissa como referencial teórico, pois, naturalmente deixará de existir a classificação acerca dos entes despersonalizados, que passarão a ser entes com personalidade, pessoas, sejam de natureza visível[24] ou ideal[25], que terão (apenas) capacidade de direito reduzida, uma

---

[24] "Art. 221. Desde a concepção no ventre materno começa a existência visível das pessoas, e antes de seu nascimento elas podem adquirir alguns direitos, como se já estivessem nascidas" (FREITAS, 1952, p. 134).

[25] "Art. 273. As pessoas de existência ideal, ou são públicas, ou privadas. As públicas têm neste Código a denominação de pessoas jurídicas" (FREITAS, 1952, p. 160). O concepturo, por ainda não ter existência visível, a princípio, será uma pessoa de existência ideal privada, na forma do artigo 278, inciso V c/c artigo 44, inciso I, conforme se vê: "Art. 278. As pessoas privadas de existência ideal vêm a ser: (...) 5°. As representações necessárias, em todos

vez que não poderão exercer todos os atos da vida civil, proposição que, de uma vez por todas, encerra qualquer debate envolvendo a insuficiência da distinção entre a noção de pessoa e ente despersonalizado, e personalidade jurídica.

Ao afirmar que a pessoa deve ser entendida como todo ente suscetível de aquisição de direitos, engendra-se um conceito extremamente amplo, com intuito de evitar que não se reconheça juridicamente a personalidade de entes que já atuam no plano fático. A passagem do foco da personalidade para a capacidade de direito, com efeito, permite a criação de graus e escalas de possibilidade de titularização de direitos, o que não é admitido em se tratando da personalidade, que é *absoluta*, o que altera o paradigma até então prevalecente no Direito Civil.

Assim, por exemplo,

> (...) reconhece-se ao nascituro [e também ao concepturo] o potencial para ser sujeito de certos direitos, ou seja, reconhece-se sua personalidade jurídica, alertando-se, todavia, para o fato de que sua capacidade de direito é reduzida, no sentido de que o nascituro ainda não pode adquirir todos os direitos franqueados à pessoa natural, nascida com vida, arrematando qualquer discussão sobre a personalidade (QUINTELLA, DONIZETTI, 2014, p. 92).

---

os casos do artigo 44, as quais serão reguladas pelo que a respeito delas já se tem disposto nesta Parte Geral, e pelo mais que se dispuser na Parte Especial deste Código" (FREITAS, 1952, p. 166-170); "Art. 44. Incumbe a representação dos incapazes: 1º. Das pessoas por nascer a seus pais, e, na falta ou incapacidade dêstes, a curadores" (FREITAS, 1952, p. 50).

Também se pode citar como exemplo o condomínio, que até então se enquadrava na categoria de ente despersonalizado, mas, agora

> Seria reconhecido como pessoa, hoje, pelo fato de atuar como sujeito de direitos. Seria evitada toda a confusão que surge para explicar como um ente que não tem personalidade jurídica adquire direitos e deveres no plano dos fatos (QUINTELLA, 2018, p. 20).

E tudo isso se justifica de forma lógica e racional, uma vez que é vazio de coerência qualquer raciocínio que compreenda um ente capaz de adquirir direitos e contrair obrigações, sem que ele seja considerado pessoa, como preconiza o jurista baiano ao tratar do nascituro, pensamento que pode muito bem refletir o que se passa com o concepturo (FREITAS, 1952, p. 135):

> Não concebo (art. 16) que haja ente com suscetibilidade de adquirir direitos, sem que haja pessoa. Se se atribui direitos às pessoas por nascer, pôsto que como diz Savigny, em uma ordem especial de fatos; os nascituros são representados no caso do art. 54, dando-se-lhes o Curador, que se tem chamado Curador ao ventre; é forçoso concluir, que já existem, e que são pessoas; pois o nada não se representa. Se os nascituros deixam de ser pessoas pela impossibilidade de obrar (nota ao art. 41), também não são pessoas os menores impúberes, ao menos até certa idade.
>
> (...)

> O que prova irrecusàvelmente que já existe persona-
> lidade é o fato em si de se tomar medidas provisórias
> a bem do embrião, e não a qualidade ou processo
> dessas medidas.
>
> (...)
>
> Se os nascituros não são pessoas, qual o motivo das
> leis penas e de polícia, que protegem sua vida pre-
> paratória? Qual o motivo (art. 199 e 200, Cód. Pen.)
> de punir-se o abôrto? Qual o motivo (art. 43, Cód.
> Pen.) de não executar-se a pena de morte na mulher
> prenhe, e nem mesmo de se a julgar, no caso de me-
> recer tal pena, senão quarenta dias depois do parto?

Dessa forma, justifica-se a adoção da aludida teoria como premissa maior, dado que se mostra mais adequada à complexidade dos fenômenos vividos hoje no âmbito do Direito Civil, visando elidir a possibilidade de desatualiza-ção da legislação ao não acompanhar a realidade no reconhecimento da personalidade de entes que, na prática, possuem atuação no mundo das coisas e titularizam direitos (ou seja, têm aptidão para ser sujeitos de direitos), assim como o conceptura e todos os demais entes despersonalizados.

A classificação do conceptura como pessoa, indubita-velmente, mostra-se correta, pois permite o reconhecimen-to de um *status* prévio - de atributos e qualidades mínimas -, e lhe dá maior visibilidade e efetividade enquanto sujeito de direitos, já que se lhe reconhece personalidade jurídica, além de possibilitar com mais clareza a delimitação de seu campo de atuação através da capacidade de direito (redu-zida), trazendo segurança jurídica para o ordenamento e explicando, em última instância, como um ser que inexiste pode ser titular de direitos na esfera civil.

Afinal,

> Não se compreende 'que possa existir um ser com suscetibilidade de adquirir direitos sem que haja pessoa. Se se atribuem direitos às pessoas por nascer, posto que, como pensa SAVIGNY, em uma ordem especial de fatos, se os nascituros [e os concepturos] são representados sempre que lhes competir a aquisição de bens, dando-se-lhes curador ao ventre, deve-se concluir que já existem e que são pessoas, pois o nada não se representa' (BULHÕES CARVALHO, 1957, p. 523).

4
CONSIDERAÇÕES FINAIS

O concepturo, que não deve ser confundido com o nascituro – isto porque este já se encontra concebido no ventre materno, enquanto aquele é uma simples expectativa jurídica, sem a existência de concepção –, esteve em pauta em várias das discussões que permearam o Direito Romano. No período Justiniano clássico, todavia, assentou-se em Roma o brocardo *conceptus pro iam nato habetur*, que vedava qualquer possibilidade de designação testamentária que lhe beneficiasse, justamente pelo fato de ainda não ter sido concebido.

No entanto, em virtude de a legislação sucessória romana não privilegiar as classes menos abastadas, impedindo-as, na prática, de instituir determinadas categorias de herdeiros, não demorou muito para que surgissem alternativas para burlar tais regras sucessórias complexas, a exemplo do que ocorreu com o próprio concepturo, que passou a ser beneficiado por meio da designação testamentária de uma figura interposta, um intermediário, que funcionava como uma espécie de ponte para que o destinatário final dos bens pudesse recebê-los legalmente, sem qualquer impedimento.

Esse engenho, que permitia, pois, o concepturo de suceder, ficou conhecido como fideicomisso, o qual ganhou obrigatoriedade legislativa pouco tempo depois, pelas mãos do imperador Cláudio, dada sua grande utilização no âmbito sucessório.

Na pré-modernidade, de outra banda, a França, apesar de proibir as substituições fideicomissárias, manteve a contemplação do concepturo como uma substituição excepcional, ao passo que o ordenamento italiano, que também proibiu o fideicomisso, instituiu outra forma de contemplação do concepturo, a designação pura ou direta, a qual foi agasalhada, de igual modo, pelo ordenamento português e pelo Código Civil de 1916, elaborado por Clóvis Bevilaqua – em que pese estes também manterem o fideicomisso.

O Código Civil de 2002, seguindo a mesma linha do anterior, consolidou em definitivo o prestígio do concepturo na sucessão testamentária, tanto através de designação pura ou direta, quanto pela instituição de fideicomisso. A disposição pura ou direta, com efeito, possui previsão no artigo 1799, inciso I e 1800 da codificação civil, e assinala que a disposição em benefício do concepturo será válida desde que o testador indique determinada pessoa, genitora, a qual deve estar viva ao tempo da abertura da sucessão, e desde que o concepturo nasça em até dois anos após tal fato, sob pena de caducar a prescrição testamentária. Há, nesse

CONSIDERAÇÕES FINAIS

ponto, a instituição de um único herdeiro, o concepturo, sendo a pessoa determinada apenas a administradora do patrimônio a ser transmitido, salvo disposição em contrário do testador.

Por outro lado, a substituição fideicomissária encontra guarida nos artigos 1951 a 1960 do código, e representa nada mais do que uma disposição testamentária feita a certa pessoa, que se torna herdeira, a qual é encarregada de transmitir determinado patrimônio a quem ainda não nasceu e não foi concebido, isto é, a uma pessoa futura, o concepturo, também herdeiro. Assim, há a instituição pelo testador de dois herdeiros sucessivos, o fiduciário, e o fideicomissário, concepturo. O fiduciário é aquele que recebe de forma primeva os bens, conservando-os até sua morte ou então até a realização de determinada condição imposta pelo testador, possuindo tão somente a propriedade restrita e resolúvel, ao passo que o fideicomissário é aquele que irá receber definitivamente o conjunto patrimonial, possuindo apenas a nua-propriedade sobre a coisa, mas não a posse.

Na disposição pura ou direta, caso o concepturo nasça com vida dentro do prazo de dois anos, perceberá imediatamente todo o patrimônio, incluindo-se aí os frutos e rendimentos, de forma retroativa, os quais apenas estavam sob a administração de um curador, seu genitor. Se não nascer com vida dentro do aludido prazo, a disposição testamentária em seu favor perderá integralmente a eficácia, retornando todos os bens, salvo disposição em contrário do testador, aos sucessores legítimos, que também farão jus aos frutos e rendimentos desde o momento da abertura da sucessão.

Na substituição fideicomissária, de outra banda, caduca o fideicomisso se o fideicomissário vier a falecer antes do fiduciário ou então antes de realizar-se a condição determinada, nesse caso, a propriedade se consolida no fiduciário, extinguindo sua natureza de resolutividade. Também caduca o fideicomisso se a concepção do fideicomissário não ocorre até o implemento da condição preestabelecida, hipótese em que a propriedade se consolida no fiduciário. E, se o fiduciário morre antes da concepção do fideicomissário, a propriedade, consequentemente, se consolida nos herdeiros daquele.

Sem embargo, o *modus* de partilha dos bens na sucessão que envolve o concepturo na disposição pura ou direta, na hipótese de não haver a nomeação de um filho em específico, é, sem dúvidas, um dos temas mais controvertidos que orbitam o assunto. Em nosso sentir, ao arrepio de outros entendimentos desenvolvidos ao longo do século XIX, XX e XXI, aquele que apresenta maior consonância com as diretrizes delineadas pelo atual código assinala que deve haver logo de plano a divisão da herança em quantos quinhões quantos os filhos as pessoas designadas como genitores possam vir a ter. Desse modo, levando em consideração o curso natural de uma gestação, a princípio dois quinhões deveriam ser salvaguardados pelo juízo, dado ser de dois anos o prazo legal para o nascimento, salvo quando houvesse a possível formação de gêmeos, isto é, um nascimento múltiplo,

CONSIDERAÇÕES FINAIS

por exemplo, ou mesmo nas hipóteses de adoção ou posse de estado de filho envolvendo várias pessoas. Nesse caso, se existir uma quantidade maior de filhos, deverá ocorrer a consequente dedução de cada parte para a formação do quinhão daqueles; e, se existir uma quantidade menor de filhos, o quinhão reservado retornará ao(s) herdeiro(s).

Outro tema bastante espinhoso envolve a atuação e natureza jurídica do concepturo, quer dizer, como um ente que ainda não foi concebido e (consequentemente) não existe pode titularizar direitos no mundo das coisas? Pode ser considerado pessoa? Possui personalidade jurídica?

Em nosso sentir, nenhuma das teorias estudadas acerca da situação ou natureza jurídica explica dogmaticamente, de forma rigorosa, como uma potencialidade de direitos, um ente que ainda não foi concebido, e, portanto, não possui personalidade jurídica, pode suceder testamentariamente, recebendo herança ou legado. Se a personalidade é o pressuposto para a aquisição de direitos e contração de deveres, deveria tê-la o concepturo para atuar na vida civil.

Todavia, para nenhuma das três teorias acerca do advento da personalidade - a teoria natalista, a teoria concepcionista e a teoria da personalidade condicional - o concepturo pode ser considerado detentor de personalidade jurídica e, consequentemente, pessoa.

Isso nos levou a afirmar, em um primeiro momento, que só restaria ao concepturo ser enquadrado como um ente despersonalizado, isto é, aquele não possui personalidade jurídica, tal como o condomínio, a herança jacente, a massa falida e também o espólio. Ocorre que a teoria dos entes despersonalizados, em nosso sentir, é extremamente incongruente, contraditória e paradoxal, afinal, permite que aquele que não possui personalidade (que é a aptidão genérica para adquirir direitos e contrair deveres), um ente despersonalizado, na prática, titularize direitos e contraia deveres como se personalidade tivesse, como se pessoa fosse. Assim, tal teoria é insuficiente para esclarecer por definitivo como o concepturo titulariza direitos, no plano fático, antes mesmo da concepção, o que nos levou a propor uma solução que dirimisse todo o imbróglio, solução baseada na ideia do concepturo como pessoa, com capacidade jurídica reduzida, a partir do referencial teórico delineado por Teixeira de Freitas e mais recentemente resgatado por Felipe Quintella e Elpídio Donizetti.

Em síntese, a partir de tal referencial deixará de existir a classificação acerca dos entes despersonalizados, não haverá mais a distinção entre esses e as pessoas, conceito que passa a ser extremamente amplo e a englobar todos aqueles entes suscetíveis de aquisição de direitos. Os entes despersonalizados passarão, pois, a serem entes com personalidade, os quais terão (apenas) capacidade de direito reduzida, uma vez que não poderão exercer todos os atos da vida civil.

Ao afirmar, desse modo, que a pessoa deve ser entendida como todo ente suscetível de aquisição de direitos, evita-se que não se reconheça juridicamente a personalidade de entes que já atuam no plano fático. A passagem do foco da personalidade para a capacidade de direito, com efeito,

CONSIDERAÇÕES FINAIS

permite a criação de graus e escalas de possibilidade de titularização de direitos, o que não é admitido em se tratando da personalidade, que é absoluta, mudança teórica que provoca uma alteração do paradigma dogmático até então prevalecente.

Desse modo, o concepturo passa a ser considerado pessoa, o que além de permitir o reconhecimento de um *status* prévio - de atributos e qualidades mínimas -, lhe dá maior visibilidade e efetividade enquanto sujeito de direitos, já que se lhe reconhece personalidade jurídica, além de possibilitar com mais clareza a delimitação de seu campo de atuação através da capacidade de direito (reduzida), trazendo segurança jurídica para o ordenamento e explicando, em última instância, como um ser que inexiste pode titularizar direitos na esfera civil.

5
REFERÊNCIAS BIBLIOGRÁFICAS

ALVES, João Luiz. *Codigo Civil da Republica dos Estados Unidos do Brasil Annotado*. 1ª ed. Rio de Janeiro: F. Briguiet e Cia, Editores-Livreiros, 1917.

ARÉVALO, Eva María Polo. *Origen Y Significado Del Principio Conceptus Pro Iam Nato Habetur Em Derecho Romano Y Su Recepcion Em Derecho Historico Español Y En El Vigente Codigo Civil*. Anuario da Facultade de Dereito da Universidade de A Coruña, n° 11, Revista UDC, 2007.

ARGENTINA. *Codigo Civil de la República Argentina*. 1869. Disponível em: <https://www.oas.org/dil/esp/Codigo_Civil_de_la_Republica_Argentina.pdf>. Acesso em: 06.06.2019.

AZEVEDO, Armando Dias de. *O Fideicomisso no Direito Pátrio*. São Paulo: Saraiva, 1973.

BARREIRO, Alejandrino Fernández. *Libertad Testamentária y Sistema de Legitimas*: um análisis desde la experiencia jurídico-cultural romana. Anuario da Facultade de Dereito da Universidade da Coruña. vol. 10, 2006, p. 279-302.

BAUDRY-LACANTIBERIE, G. *Précis de Droit Civil*. II. Tome Deuxième. Sixiéme Édition. Paris: Librairie de La Societé du Recueil Gal de Lois et dês Arrêts, 1898.

BEVILAQUA, Clóvis. *Código Civil dos Estados Unidos do Brasil Comentado*. Rio de Janeiro: Editora Paulo de Azevedo Ltda, 1956.

BEVILAQUA, Clovis. *Direito das Sucessões*. Bahia: Livraria Magalhães, 1899.

BEVILAQUA, Clovis. *Em defesa do Projeto de Código Civil Brasileiro*. Rio de Janeiro: Livraria e Typographica Francisco Alves, 1906.

BOLOGNESI, Adolfo. *La Successione dei Nascituri non Concepiti nel Diritto Italiano Vigente*. Bologna: Ditta Nicola Zanichelli, 1905.

BOVE, Roberto. *Fideicomisso no Direito Romano*. Revista dos Tribunais, ano 39, volume 183, janeiro, 1950, p. 580-595.

BRASIL. *Anteprojeto de Código Civil*. 2^a ed. Brasília: Ministério da Justiça, 1973.

BRASIL. *Anteprojeto do Código Civil*. São Paulo: Edição Saraiva, 1972.

BRASIL. *Código Civil dos Estados do Brasil*. Lei n° 3.071, de 1° de Janeiro de 1916. Disponível em: <http://www.planalto.gov.br/ccivil_03/leis/l3071.htm>. Acesso em: 07.06.2019.

BRASIL. *Constituição da República Federativa do Brasil de 1988*. Disponível em: <http://www.planalto.gov.br/ccivil_03/constitui-cao/constituicaocompilado.htm>. Acesso em: 10.06.2019.

BRASIL. *Constituição Política do Império do Brasil*. Carta de Lei de 25 de Março de 1824. Rio de Janeiro, 1824. Disponível em: <http://

REFERÊNCIAS BIBLIOGRÁFICAS

www.planalto.gov.br/ccivil_03/Constituicao/Constituicao24. htm>. Acesso em 19.10.2018.

BRASIL. Decreto n° 2.337, de 11 de janeiro de 1859. *Approva o contracto celebrado com o Bacharel Augusto Teixeira de Freitas para a reducção do projecto do Codigo Civil do Imperio.* Câmara dos Deputados. Legislação Informatizada. Disponível em: <https://www2.camara.leg.br/legin/fed/decret/1824-1899/decreto- -2337-11-janeiro-1859-557246-publicacaooriginal-77587-pe. html>. Acesso em: 28/.06.2019.

BRASIL. *Lei de 20 de outubro de 1823.* Declara em vigor a legislação pela qual se regia o Brazil até 25 de Abril de 1821 e bem assim as leis promulgadas pelo Senhor D. Pedro, como Regente e Imperador daquella data em diante, e os decretos das Cortes Portuguezas que são especificados. Rio de Janeiro, 1823. Disponível em: <http://www2.camara.leg.br/legin/fed/lei_sn/ anterioresa1824/lei-40951-20-outubro-1823-574564-publica-caooriginal-97677-pe.html>. Acesso em 19.10.2018.

BRASIL. Lei n° 10.406, de 10 de janeiro de 2002. *Institui o Código Civil.* Disponível em: <http://www.planalto.gov.br/ccivil_03/ leis/2002/l10406.htm>. Acesso em: 08.06.2019.

BRASIL. Lei n° 8.069, de 13 de julho de 1990. *Dispõe sobre o Estatuto da Criança e do Adolescente e dá outras providências.* Disponível em: <http://www.planalto.gov.br/ccivil_03/leis/l8069. htm>. Acesso em: 10.06.2019.

BRASIL. *Projecto do Codigo Civil Brazileiro.* Trabalhos da Commissão Especial da Camara dos Deputados. Vol. I. Projectos Primitivo e Revisto. Rio de Janeiro: Imprensa Nacional, 1902.

BRASIL. *Projecto do Codigo Civil Brazileiro.* Trabalhos da Commissão Especial da Camara dos Deputados. Vol. II. Pareceres e Emendas. Rio de Janeiro: Imprensa Nacional, 1902.

BULHÕES CARVALHO, Francisco Pereira de. *Incapacidade Civil e Restrições de Direito*. Rio de Janeiro: Editor Borsoi, 1957.

CALASSO, Francesco (coord.). *Enciclopedia Del Diritto*. Vol. VI. Cap. Cine. Italy: Giuffrè Editore, 1960.

CARVALHO, Dimas Messias de; CARVALHO, Dimas Daniel de. *Direito das Sucessões*: Inventário e Partilha. Belo Horizonte: Del Rey Editora, 2007.

COSTA, Mário Júlio de Almeida. *História do Direito Português*. 3ª ed. Coimbra: Almedina, 2007.

COULANGES, Fustel de. *A Cidade Antiga*. São Paulo: Editora Martin Claret, 2002.

CRETELLA JÚNIOR, José. *Direito Romano*. São Paulo: Editora Revista dos Tribunais, 1966.

CUBILLAS, Aura Tazón. *Aproximación al Concepto de Fideicomiso Tácito Em El Derecho Romano*. Anuario da Facultade de Dereito da Universidade da Coruña, vol. 13, ano 2009, p. 831-861.

D'AVANZO, Walter. *Delle Successioni*. Tomo I: Parte Generale. Firenze: Soc. And. G. Barbèra Editore, 1941.

DIAS, Maria Berenice. *Manual das Sucessões*. 3ª ed. São Paulo: Editora Revista dos Tribunais, 2013.

DINIZ, Souza. *Código Napoleão ou Código Civil dos Franceses*. Texto Integral do Código de 1804 com tôdas as modificações nêles posteriormente introduzidas e ainda em vigor e mais as principais leis complementares. Rio de Janeiro: Distribuidora Record, 1962.

DOMINGUES, Cláudia do Nascimento. Transmissão da Propriedade Imobiliária ao Concepturo na Sucessão

REFERÊNCIAS BIBLIOGRÁFICAS

147

Testamentária. *In*: MELO, Marcelo Augusto Santana de. Revista de *Direito Imobiliário*. Ano 35. Vol. 73. Julho-Dezembro/2012.

FERNANDES, Luís A. Carvalho. *Lições de Direito das Sucessões*. 2ª ed. Lisboa: Quid Juris Editora, 2004.

FERNANDES, Luís A. Carvalho. *Teoria Geral do Direito Civil*: Introdução, Pressupostos da Relação Jurídica. 5ª ed. Lisboa: Universidade Católica Editora, 2009.

FERRARI, Emma. *La Testamenti Factio Passiva Delle Persone Giuridiche In Diritto Romano*. Tese (Doutorado em Direito Romano e Direito da Antiguidade). Università degli Studi di Milano Bicocca, Milão, 2015.

FIORANELI, Ademar. *Fideicomisso*. Revista de Direito Imobiliário. nº 28, julho/dezembro 1991. São Paulo, 1991, p. 7-34.

FREITAS, Augusto Teixeira de. *Consolidação das Leis Civis*. Coleção História do Direito Brasileiro. Prefácio de Ruy Rosado de Aguiar. Brasília: Senado Federal, 2003.

FREITAS, Teixeira de. *Esbôço de Codigo Civil*. v. I. Rio de Janeiro: Ministério da Justiça e Negócios Interiores, 1952.

FREITAS, Teixeira de. *Esbôço de Codigo Civil*. v. II. Rio de Janeiro: Ministério da Justiça e Negócios Interiores, 1952.

FREITAS, Teixeira de. *Esbôço de Codigo Civil*. v. III. Rio de Janeiro: Ministério da Justiça e Negócios Interiores, 1952.

FREITAS, Teixeira de. *Nova Apostila à Censura do Senhor Alberto de Moraes Carvalho sobre o Projecto do Codigo Civil Portuguez*. Rio de Janeiro: Typographia Universal de Laemmert, 1859.

FREITAS, Teixeira de. *Tratado dos Testamentos, e Sucessões por Antônio Joaquim Gouvêa Pinto. Comentários de Teixeira de Freitas*. Rio de Janeiro: B. L. Garnier, 1881.

GAMA, Guilherme Calmon Nogueira da. *Capacidade para testar, para testemunhar e para adquirir por testamento. In*: Giselda Maria Fernandes Novaes Hironaka e Rodrigo da Cunha Pereira. (Org.). Direito das Sucessões e o Novo Código Civil. Belo Horizonte: Del Rey, 2004.

GAMA, Guilherme Calmon Nogueira da. *Direito Civil*: Sucessões. São Paulo: Atlas, 2003.

GOMES, Orlando. *Sucessões*. 14ª ed. Rio de Janeiro: Editora Forense, 2008.

GONÇALVES, Luiz da Cunha. *Tratado de Direito Civil em Comentário ao Código Civil Português*. Vol. IX. Coimbra: Coimbra Editora Limitada, 1934.

HIRONAKA, Giselda Maria Fernandes Novaes. Direito das Sucessões: Introdução. *In*: HIRONAKA, Giselda Maria Fernandes Novaes; PEREIRA, Rodrigo da Cunha (coord). *Direito das Sucessões e o Novo Código Civil*. Belo Horizonte: Del Rey, 2004.

ITALIA. *Codice Civile Del Regno D'Italia*. Torino: Stamperia Reale, 1865. Disponível em: <http://www.notaio-busani.it/it-IT/codice-civile-1865.aspx>. Acesso em: 10.09.2018.

JUSTO, Antônio dos Santos. *A Fictio Iuris no Direito Romano. Actio Fictia: Época Clássica*. Tese (Doutorado em Ciências Histórico-Jurídicas). Faculdade de Direito da Universidade de Coimbra, Coimbra, 1988.

LACERDA, Paulo de. *Manual do Código Civil Brasileiro*: Do Direito das Sucessões. Rio de Janeiro: Jacintho Ribeiro dos Santos Editor, 1917.

LEVÁY, Emeric. *A Codificação do Direito Civil Brasileiro Pelo Jurisconsulto Teixeira de Freitas*. Revista Justiça e História.Vol. 2.

REFERÊNCIAS BIBLIOGRÁFICAS

Nº 3. Rio Grande do Sul: Memorial do Poder Judiciário Gaúcho, 2014.

LOUIS, Martin. *Droit Civil*. Paris: Bibliothèque du Conducteur de Travaux Publics, 1896.

MADEIRA, Hélcio Maciel França. *O Nascituro no Direito Romano*. 1ª ed. São Paulo: Companhia Editora Nacional, 2005.

MAXIMILIANO, Carlos. *Direito das Sucessões*. Rio de Janeiro: Livraria Editora Freitas Bastos, 1937.

MEIRA, José Corrêa de. *Do Fideicomisso*: Apontamentos de um juiz sobre as substituições fideicommissarias em geral. Analyse das principaes questões. São Paulo: Saraiva & Cia Editores, 1929.

MEIRA, Silvio. *Teixeira de Freitas*: O jurisconsulto do Império. Rio de janeiro: Livraria José Olympio Editora, 1979.

MONTEIRO, Washington de Barros. *Direito das Sucessões*. 24ª ed. São Paulo: Saraiva, 1988.

PEIXOTO, José Carlos de Matos. *A codificação de Teixeira de Freitas*. Revista Forense, Rio de Janeiro, v. 36, n. 77, 1939.

PEREIRA, Caio Mário da Silva. *A Influência de Teixeira de Freitas na Elaboração do Código Civil Brasileiro*. Revista da Academia Brasileira de Letras Jurídicas. n° 1. Rio de Janeiro, 1985.

PEREIRA, Caio Mário. *Instituições de Direito Civil*: Direito das Sucessões. v. 6. Rio de Janeiro: Editora Forense, 2009.

PEREIRA, Fábio Queiroz. Consolidação e Codificação em Direito Civil: Bases Conceituais e Experiência Sulamericanas. *In*: RIBEIRO, Gustavo Pereira Leite; ROBERTO, Giordano Bruno Soares. *Teixeira de Freitas e o Direito Civil*: Estudos em Homenagem ao Bicentenário (1816 – 2016). Belo Horizonte: Initia Via, 2017.

PLAINOL, Marcel; RIPERT, Georges; BOULANGER, Jean. *Traité Élémentaire de Droit Civil*. 5ª éd. T. I. Paris: Librarie Générale de Droit et Jurisprudence, 1950.

PONTES DE MIRANDA, Francisco Cavalcanti. *Tratado dos Testamentos*. Vol. IV. Rio de Janeiro: Pimenta de Mello & C. Livraria, Papelaria e Litho-Typographia, 1935.

PORTUGAL. *Código Civil Portuguez*. Approvado por Carta de Lei de 1 de Julho de 1867. Segunda Edição. Lisboa: Imprensa Nacional, 1868.

PORTUGAL. *Ordenações Filipinas*. Vol. 1 a 5. Rio de Janeiro: Edição de Cândido Mendes de Almeida, 1870. Disponível em: <http://www1.ci.uc.pt/ihti/proj/filipinas/ordenacoes.htm>. Acesso em 20.10.2018.

QUINTELLA, Felipe. A teoria das Capacidades no Direito Brasileiro: de Teixeira de Freitas e Clovis Bevilaqua ao Estatuto da Pessoa com Deficiência. *In*: PEREIRA, Fábio Queiroz; MORAIS, Luísa Cristina de Carvalho; LARA, Mariana Alves (Orgs.). *A Teoria das incapacidades e o estatuto da pessoa com deficiência*. Belo Horizonte: D'Plácido, 2018.

QUINTELLA, Felipe. *Teixeira de Freitas e a História da Teoria das Capacidades no Direito Civil Brasileiro*. Dissertação (Mestrado em Direito). Faculdade de Direito da Universidade Federal de Minas Gerais. Belo Horizonte, 2013. Disponível em: <http://www.bibliotecadigital.ufmg.br/dspace/handle/1843/BUBD-9G8J8M>. Acesso em: 26.10.2018.

QUINTELLA, Felipe; DONIZETTI, Elpídio. *Curso Didático de Direito Civil*. 3ª ed. São Paulo: Atlas, 2014.

REALE, Miguel. *História do Novo Código Civil*. São Paulo: Editora Revista dos Tribunais, 2005.

REFERÊNCIAS BIBLIOGRÁFICAS

ROBERTO, Giordano Bruno Soares. *Introdução à História do Direito Privado e da Codificação*: Uma Análise do Novo Código Civil. 2ª Ed. Belo Horizonte: Del Rey, 2008.

RODRIGUES, Lia Pallazzo. *Direito Sucessório do Cônjuge Sobrevivente*. In: SOUZA, Ivone Maria Cândido Coelho de (org). Direito de Família, Diversidade e Multidisciplinariedade. Porto Alegre: IBDFAM, 2007.

RUGGIERO, Roberto de. *Instituições de Direito Civil*. Vol. III. Direito das Obrigações e Direito Hereditário. Tradução da 6ª edição italiana, com notas remissivas aos Códigos Civis Brasileiro e Português pelo Dr. Ary dos Santos. São Paulo: Saraiva & C., 1934.

SANTOS, J. M. de Carvalho. *Código Civil Brasileiro Interpretado*. Vol. XXIV. 3ª ed. Rio de Janeiro: Editora Freitas Bastos, 1947, p. 45.

SARSFIELD, Vélez. *Código Civil Com Las Notas de Vélez Sársfieldy*, Leyes Complementarias. Arayu, 1952. Disponível em: <https://digestocivilcomercial.wordpress.com/digesto-procesal-civil-y-comercial/codigo-civil-de-velez-con-notas/>. Acesso em: 06.06.2019.

SILVA, De Plácido. *Vocabulário Jurídico*. 32ª ed. Rio de Janeiro: Forense, 2016.

SOHM, Rudolf. *The Institutes of Roman law*. Рипол Классик: Moscou, 1892.

STOLFI, Giuseppe. *Le Successione dei Non Concepiti*. Rivista di Diritto Civile. Ano XVI, Itália, 1924.

TAVARES, Ademar. *Breves Linhas Sobre a História do Fideicomisso*. Archivo Judiciário. Vol. LII, 1939, p. 80-83.

VASCONCELOS, Pedro Pais de. *Teoria Geral do Direito Civil*. 5ª ed. Coimbra: Almedina, 2008.

VENOSA, Sílvio de Salvo. *Direito Civil*: Direito das Sucessões. v. 7. 12ª ed. São Paulo: Atlas, 2012.

WALD, Arnold. *A Obra de Teixeira de Freitas e o Direito Latino-Americano*. a. 41. nº 163. Revista de Informação Legislativa. Brasília: Senado, 2004.